每週都去看屍體：
首爾大學最熱門的死亡學

나는 매주 시체를 보러 간다 : 서울대학교 최고의 '죽음' 강의

柳成昊（유성호，首爾大學醫學院法醫學教授） 著
黃莞婷 譯

每週都去看屍體

首爾大學最熱門的死亡學

나는 매주 시체를 보러 간다 : 서울대학교 최고의 '죽음' 강의

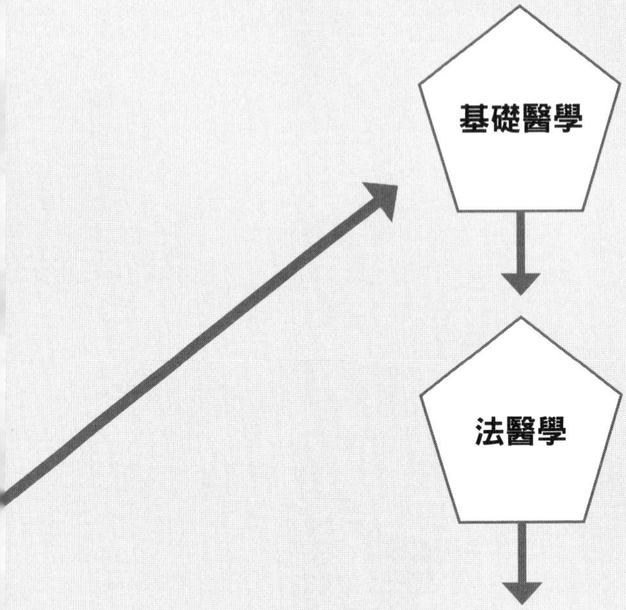

何謂法醫學？

法醫學，Forensic Medicine

用科學方式研究人類各式各樣的死亡問題，發掘因果關係，維護法權與捍衛人權的學問。法醫學可用在立法、司法、行政上，其中最常使用法醫學的為司法的刑事問題。透過相驗與屍檢，查明有他殺嫌疑的死者是被兇殺或重傷致死，並且提供有力的證據，作為法人搜索，有罪與否，及量刑判斷的參考。法醫學是一門提供執法決定性證據的學問，需具備專業知識及豐富經驗。

讀本書之前 學術分類

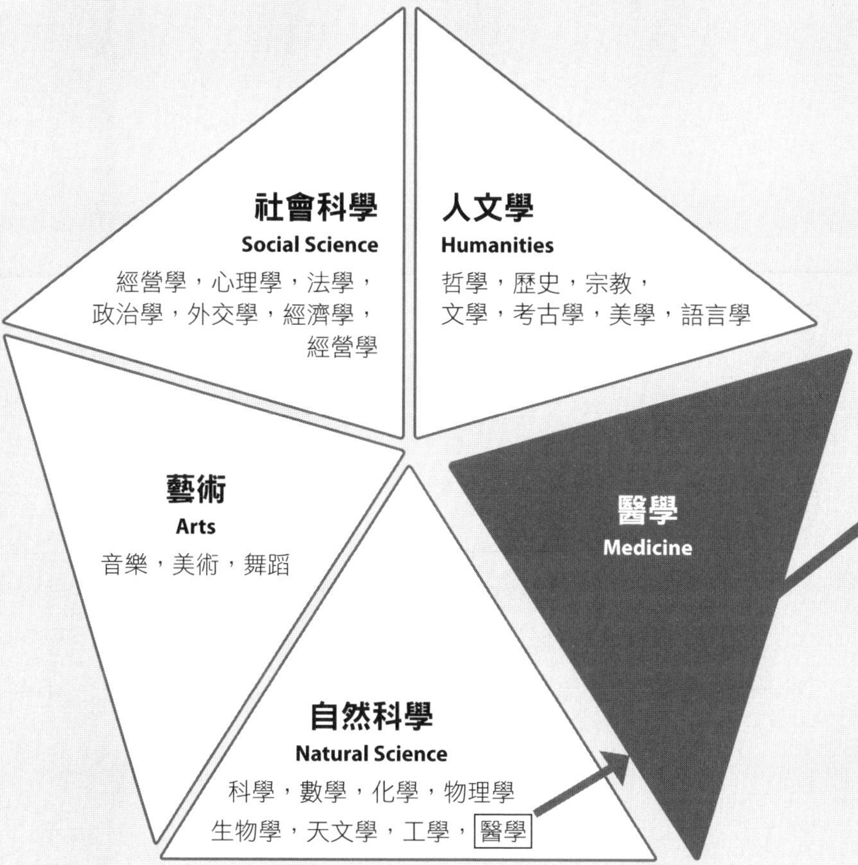

社會科學
Social Science
經營學，心理學，法學，
政治學，外交學，經濟學，
經營學
人文學
Humanities
哲學，歷史，宗教，
文學，考古學，美學，語言學
藝術
Arts
音樂，美術，舞蹈
自然科學
Natural Science
科學，數學，化學，物理學
生物學，天文學，工學，醫學
醫學
Medicine

讀本書之前 主要關鍵字

屍檢（postmortern examination）

屍檢是根據警方或檢方的目的，調查有他殺嫌疑的死者及案發現場，而屍檢則是在信任的醫生到場鑑定，確認死亡後，徹底檢查屍體死亡的原因。屍檢包括了檢驗及剖檢。

檢驗（Postmortem inspection）

是一種不損及屍體的醫學屍檢程序。法醫是無論到場或不到場，要理解驗屍的目的及屍況，利用外部檢查獲得的細節，判定死因、屍身損傷程度、是否罹病或中毒。如有可能，應判斷死亡時間和種類。

屍體剖檢（autopsy, necropsy）

一種解剖屍體以得知死因的程序。過程應遵循法律規定，勘驗屍體。按照目的，分為系統剖檢、病理剖檢、行政剖檢及司法剖檢。

解剖（dissection）

剖開屍體之後，觀察，摘除或提取內臟組織的行為。受到日本的影響，剖檢與解剖兩者經常混用。

安樂死

「死得安樂」。為一價值中立的詞彙。按照不同的目的，安樂死之型態有所不同，可分成自發性安樂死、輔助死亡、中斷延命醫療等。

尊嚴死

在字典的意義上，維持人類最基本的尊嚴及價值，體面地死去。現實中，尊嚴死被解釋為一種為使絕症與疑難雜症的患者體面地死去，而提供致命的營養品，讓患者能無痛地死亡的輔助死亡行為。另外，以植物人的情況來說，無意識的患者，必須靠人工呼吸器才能維持生命，為使其死得體面，而中斷延命醫療的行為。即，尊嚴死一詞有著雙重的意義。

假死

因外傷導致呼吸及脈搏停止，看似死亡，但實際上仍有生存的可能。

腦死

全腦部功能喪失的不可逆轉的狀態。全腦部功能通常包括掌管思考及判斷的大腦皮質、脈搏及呼吸等基本生命體徵。

植物人

人類原本就具有動物性機能及植物性機能，前者指的是運動、感覺和心理活動，後者則是消化吸收、呼吸、排泄和血液循環。其中動物性機能中止，只剩下植物性機能的患者，被稱為植物人。若不使用人工呼吸器就會腦死。

幹細胞

大致分為胚胎幹細胞（embryonic stem cell）及成體幹細胞（adult stem cell）。胚胎幹細胞可以發育成為身體內許多的組織，雖然適用範圍廣，但由於胚胎幹細胞是生命的種子，使用胚胎幹細胞會涉及倫理議題。成體幹細胞的特色是只能分化成特定組織，雖然有所限制，但倫理爭議相對胚胎幹細胞較小。

目次
CONTENTS

作者照。

「人生自古誰無死，

這也是為何我們要正視死亡的原因。

——柳成昊」

提高人生品格的「死亡」學習

我從小就非常喜歡書，小說和散文不在話下，從人文社會、科學到各種專業書籍，我看到什麼就讀什麼，但從沒想過會自己動筆寫作。天底下有名的作家多如繁星，他們是和我活在不同的世界的人，我只是一名平凡的讀者，能體會他們的知識和想像力就已心滿意足，就算是讀一些比較生活化的書，我也不曾有過和村上春樹一樣的想法：「這種書我也能寫」。

在準備首爾大學冠岳營「死亡的科學理解」講座時，我產生了出書的念頭。

在二〇一二年秋天，現任首爾大學醫院副院長金研秀（音譯，김연수）教授，當時他還是首爾大學醫學院教育部院長，向我提議在冠岳營開設通識講座，我接到提議時相

當煩惱，因為我沒考慮過這種事。但是，我突然想起大學第一次學習法醫學的情景。在那堂課，我學到如何讓死者死而復生，死者第一次親自告訴我他的死亡真相時，我所感受到的喜悅。

與其說，我教授學生們法醫學專業知識，不如說我想和學生們分享我在過去的屍檢、諮詢和研究過程中，我對「死亡」的領悟。於是，我向首爾大學基礎通識學院提交了講座申請書，而基礎通識學院擔心這種講座會造成負面效果，向我提出質疑。

當時我這麼回答：

「死亡是我們人生中無可避免的最後階段，是一種自然法則。我確定學生們藉由學習死亡，能深刻領悟生命的可貴，懂得反思周遭事物，成長為有品格的文明之人。」

就這樣，在基礎通識學院的首肯下，我得以開設講座。二〇一三年第一學期共有六十個人申請聽講，兩天內就超過人數限額，而學生要求加選的電子郵件如雪花般飛來。

我原本還抱著半信半疑的心情，不確定學生是否對死亡有興趣。當我得知結果時，十分吃驚。直到講座第一天，我才了解大部分的學生是因為想了解當時風行的《CSI犯罪現場》犯罪電視劇才來上課。但是，不管學生們最初聽講動機是什麼，他們都抱著對死亡的學習熱忱來聽講。

事實上，在「死亡的科學理解」課堂上，我花了一些時間講解犯罪的死亡社會現象、誘發傷害或疾病的死亡、死後屍體的變化等學生會有興趣的內容，同時也討論和死亡相關的各式議題，比如：死亡的歷史脈絡、認知的變化、被視為現代病態現象的自殺、現在以及不遠的將來會形成問題的醫療糾紛、保險事故等等。就這樣，我懷抱滿腔熱忱進行的第一學期講座，得到學生們的好評，如今「死亡的科學理解」講座發展成兩百一十名學生申請聽講的大型講座。

是以，我鼓起勇氣答應身邊朋友的邀請，想和更多人分享關於死亡的煩惱。書名《每週都去看屍體》，這個一般人不熟悉的主題或許會引起讀者誤會，懷疑這本書是不是出自一個神經病之手，實則由於我與韓國國立科學搜查研究院（簡稱：國科搜）簽訂協議，會在首爾大學、高麗大學和天主教大學醫學院的法醫學教室，替每個地區的意外往生者進行屍檢。所以，每個禮拜，尤其是星期一，我都會到首爾大學醫學院上班，進行驗屍工作。

身為法醫學學者和醫師，我每週都在檢視死因不明的屍體，因為判斷死因和死亡類型非常重要，因此我也會對屍體進行科學鑑識。但做這些事的同時，身為人類的我，對死者的往生不只有憐憫之情或感同身受而已，社會體制也造成我很多煩惱。

本書敘述我的實際工作內容、社會看待死亡的觀點、什麼樣的死亡算是善終，以及過去十六年來我作為一名法醫學者的煩惱。就像前面提過的一樣，這本書最初用在大學生的通識講座上，任何人都能理解吸收，並不是什麼艱澀難懂的內容。雖然我不清楚大家會不會被書名嚇到，但我是本著一顆溫暖的心，希望讀者能了解死亡才寫下這本書。

死亡是個難以啟齒的討論主題。許多人認為死亡學（thanatology）就是在談論死因、死亡條件和死後的世界，但是，比起傳統的死亡學，我試著透過這本書，以法醫學者的職業眼光去談論死亡。

死亡是人生的最後過程，但是我們極少去思索死亡，就算無意提起，往往也加以迴避。再者，現代社會或有意或無意地把死亡的信息和我們的生活隔絕，拒絕我們進一步接觸死亡的真實面貌。因此，未曾思索過死亡的我們，只是日復一日地活著，容易受到一時的安慰和慰勞迷惑。

儘管死亡是人生的終點，但死亡也同樣伴隨著一絲希望。我們會努力地走向人生目的地，正是因為有死亡的存在。假若我們不思索死亡議題，只是一味迴避，那麼我們將不知道何處才是人生的終點。

而當死亡真的到來之時，我們只能懷抱著悲慘和悲傷的心情，喪失替人生美麗收尾的機會，對他人的死亡也會變得麻木和漠不關心。

作為每週要面對死亡的法醫學者，我總是煩惱著死者的死因跟死亡方式。在工作的過程中，我不得不思考死亡的社會脈絡，也從中了解死亡會因為國家和地區的不同而存在差異。我想透過這本書和讀者分享直到現在我所研究的法醫學，還有我從死亡裡領悟到的事，想告訴讀者為什麼要思考且煩惱死亡。

雖然我告訴大家不需要畏懼獨自面對死亡一事，但又怎麼可能不畏懼呢。儘管如此，我還是希望這本書能幫助讀者重新思考自身及周遭的死亡，擺脫對死的恐懼，進而制定讓自己活得更好的人生計畫，並做好為人生畫下句點的準備。

柳成昊（유성호）

二〇一九年一月

—第一部—

死後才相遇的男人

雖然諷刺，但哪怕是死後才能相遇的男人，抑或是每個禮拜和死亡打交道的法醫，對死也依舊陌生。對法醫來說，什麼是死亡？死亡具有什麼意義？試著和法醫一起探究新的人生指南——死亡。

法醫學者的背包中有某人的人生

那些死亡紀錄

死亡，這個世界上還有比它更沉重、困難的話題嗎？但是，人生自古誰無死，作為人生大事之一，我想我們都該面對它，是以我決心開始談死亡。

準確來說，透過死亡可談論人生。不是我們認知中的未知又黑暗的死亡，而是冷靜直視那伴隨著我們日常生活的死亡，進而找出「今日」的全新意義。

在此作為率先提及死亡的人的我，是一名醫生和科學家，同時也是進行「剖檢」的法醫。剖檢指的是一種為得知死者的準確死因及死因種類而進行的死後檢查，換句話說，就是解剖屍體。當然，我一面進行剖檢，一面也在研究其他的東西，偶爾接受諮詢委託。

委託人的提問層出不窮，比如說，死者是怎麼死的？是病死的還是遭到殺害？每次接受諮詢委託時，我會看到各式各樣可稱得上是死者的人生縮影紀錄，有警方的死者調查記錄、家人的證詞和死者生前病歷等等。

今天，我的背包裡一如往常地裝著兩個人的死亡記錄。我靠這些記錄追溯他們的人生。大概有人會問，怎麼可能僅憑這些記錄看見一個人的人生全部。但至少對我來說，這輕薄的死亡記錄就像一本書般地沉重，令我苦苦思索死者的一生，以及他如何畫下人生句點。

因職業之故，我以為自己能比常人心平氣和，以科學的視線去看待死亡。縱使如此，每次面對死亡的時候也免不了百感交集。

在各種死亡中，有悲慘的死亡，有反映人類社會悲劇的死亡，也有讓人懷疑是不是從個人悲劇延伸成社會悲劇的死亡。這本書的宗旨就是希望透過形形色色的死亡，使我們一起面對人生真實的面孔。

身為法醫學者，除了從眾多具體事例提供學術層面的生死見解，我也想分享工作過程中，我遇過的幸福無比的生死故事。

死的是誰，又為何而死

我是每逢週一就要去屍檢的法醫。年輕時，我每週會進行兩次屍檢，每週一剖檢，如今變成一週一次的屍檢。

屍檢含括所有調查屍體的行為，可分成屍體檢驗與剖檢。屍體檢驗意指用肉眼檢視屍體，不過大部分的死亡很難用肉眼檢視判斷出死因和死亡種類，因此需要剖檢。剖檢是透過解剖屍體，找出綜合死因。

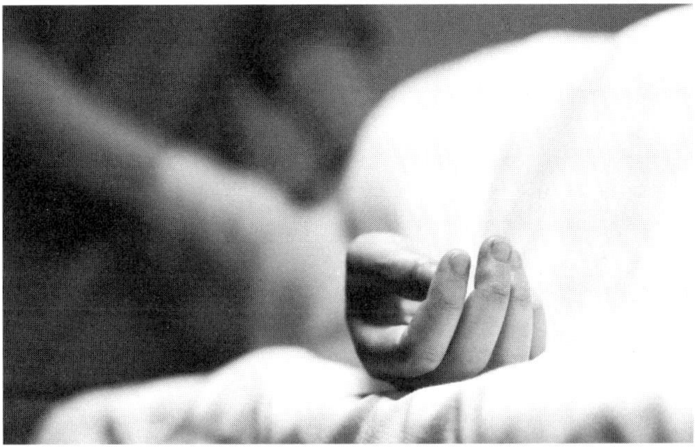

・透過屍檢查明死因及種類

在屍檢過程中，確認屍身身分為優先要務。除了大眾媒體津津樂道的大腦先天疾病——臉盲症之外，因外在因素，導致大腦顳葉底部（被稱為梭狀回的地方）受傷，而記不得其他人的臉孔，連對自己的臉孔也失去辨識能力等因素之外，在日常生活中，人類大腦會處理視覺情報，確認身分。

然而，在法醫學範疇中，確認屍體的身分是靠指紋、牙齒和基因的客觀程序，而不是靠視覺。一提起法醫學，人們往往聯想到神祕推理案件，或是揭露與死亡相關人士的身分，但那只是世俗偏見。不論死亡是否蒙上了一層神祕感，法醫學的首要之務就是確認死者身分。知道逝者的身分是最重要的。

譬如，遇到大邱地鐵或世越號等重大不幸事故，法醫的首要之務也是確認死者的身分。得先確認後才能通知遺屬，不是嗎？這時會實施指紋、牙齒及基因檢查，確認屍體身分。

在屍檢中，確認屍體身分之後，其次重要的就是探問「為何而死？」，也就是查明醫學上的死因，這時是醫學院學過的無數疾病名稱派上用場之時。再來是「是怎麼死的？」亦即區別死亡種類。

過去引發社會各界諸多爭議的「白南基農民事件」，就醫學來說，白南基的死因是高鉀血症與心臟衰弱。然而，進一步往下追究，這位農民白南基病發的根本原因為何？他為何而死？撇開政治立場，從醫學專業角度分析，他的死因是硬膜下出血，應列入外因死才合理。

根據國內統計，我國每年死亡人數約二十八萬名，實際死於他殺約五百多名，亦即平均十萬人中不到一名死於他殺。而根據二〇一七年統計廳資料顯示，十萬人中變成〇・八名。如包含殺人未遂，則十萬人中約為兩名（參考文獻1）。另外，平均十萬人中自殺人數超過二十四名，是他殺的三十倍。

此外，有許多猝死的情況，即便研判無他殺嫌疑，卻也無從得知真正死因。目前為止，我經手過的剖檢案件中，以自殺及死因不明的案件屬最常見。有許多人好奇為什麼自殺也要剖檢，主要希望藉此確認是否有他殺嫌疑。

為此，我每週一都去見死者。雖然這樣說很遺憾，但對他們來說，我是他們死後才能見到的人。

如何區分死亡

要談論死亡，最重要的是理解什麼是死亡。雖然每個人都知道死亡就是生命體燈枯油盡，但大多不清楚預期生命有多長、生命的消失狀態，以及個體站在生死交界時內心經歷的風暴等等。甚至在不同的時代和場所，死的意義也大相逕庭。

法律及醫學會按死因及死亡種類定義死亡。一般人很容易混淆死因及死亡，不過兩者是不同的東西。首先，死因指的是醫生給出的診斷名稱，諸如：胃癌、肝癌以及墜落死等等。

死亡種類大致分為兩類，一類是自然死，即病死；另一類是外因死，即因外在因素導致的死亡，其中包括死因不明。自然死和病死很容易理解，當醫生說出「過世了」，其診斷出的疾病就是死因，歸類於病死。

那麼，墜落死亡的死亡種類是病死還是外因死？墜落死亡確如大眾所認知，屬於外因死。外因死大致可分為自殺、他殺和事故死。如何去判斷、歸類死亡種類非常重要。

作為一名從事相關專業領域的法醫學者，我會收到來自各方機關的鑑定委託。其中，最常委託我寫鑑定書的地方是法院，其次是檢方，第三是警方。但是，除了這些地方之外，還有一個心急如焚、委託我鑑定的地方，那就是保險公司。由於關乎保險金給付，保險公司對死亡種類看得很重。

假使有一名加入意外險的保戶因墜落致死，保險公司理所當然要給付保險金；假使不是事故死，是保戶用自己的雙腳跳出自殺，是否給付保險金就有可議的空間；假使是被人推出去，死於他殺，不只國家保險，就連公權力也會涉入。像這樣，按照死亡種類的差異，理賠金額也會有所變化，是故保險公司對死亡種類的區分非常敏感。

不過，過去曾有一起墜落死的特例案件。這起案件是一對夫妻發生爭吵時，憂鬱症的妻子氣不過，縱身跳樓而死。當時法院的判決表示，鑒於急性憂鬱症造成死者的墜落，不屬於輕生，保險公司理當支付意外保險金。

> 死者處於無法抑制高度興奮、不安的心理狀態，加上瞬間的精神恐慌，以致自身行動引發死亡結果。還有，親朋好友無法同理死者，也未預見其心理狀態的變化，致使死者採取跳出陽台的激烈手段，以擺脫受污辱和激動時刻。此不屬自由的

言行舉止（參考文獻2）範疇。

這起案件迄今仍是學者們爭論不休的議題，但判決當時，法院以急性憂鬱症發作為由，裁定保險金給付。

如上所見，要定義死亡就得全面探究死因及死亡種類。總結來說，經由剖檢，查明死因，提供鑑定判斷，使法律得以判定死亡種類是法醫學者在此過程中扮演的角色。

昨日之死與今日之死

隨著時代環境的變遷，生命告結的原因產生變化是理所當然的。癌症是目前我國國民死因首位，其次為心血管疾病與腦血管疾病。一年死亡人數平均值約二十八萬人，其中有十三萬人死於上述疾病。生命總有一天會消逝，排除死於意外，人們大多死於這些疾病。

通常疾病帶來的生命「末期」會伴隨一些症狀。疼痛不在話下，還會出現疲憊、無力、口乾舌燥、手腳痠麻、癢感、頭暈目眩等等。不過，相較於身體症狀，會遭受更強烈的心理症狀，諸如：不安、憂鬱、失眠、心煩意亂、孤立無援感、注意力低落等等。

患者在死亡過程中最常經歷的症狀是睏倦。患者因強烈的睏意陷入昏睡狀態（groggy），縱使喚醒也很容易再次進入昏睡狀態。因此，只要患者出現輕微睏倦徵兆，監護人和護士會呼喚或擰醒患者，並不是討厭他才擰他，這是在某種特定狀態下使用的醫療手法之一。

若被擰也一點反應都沒有，就是陷入所謂的昏迷狀態，而後，患者會在某一瞬間死亡。這也是最常見的死亡過程。

偶爾會發生少見極端狀況。有時候，患者會心神不寧，妄想導致胡說八道，產生幻覺，顫抖不已，令家人身心疲憊。像這類的情況，患者從陷入半昏迷狀態到死亡需要很長一段時間。不過，這些畢竟是少數特例，絕大多數的患者都無法戰勝昏迷狀態，而邁向自然死亡。

隨著醫學技術的急遽發展，現代社會衍生出如何研判死亡及相關對策的新問題，也就是延命醫療。由於醫學與醫療發展，過去未曾想過的議題浮上檯面。重患醫療的進步救回了眾多生命危急的患者，不過，同時也得面對停止無用的延命醫療進行時的不明確分界點（參考文獻3）。

換言之，我們現在有能力無限延長邁向自然死亡的昏睡，即昏迷階段。憑藉醫學方法中斷生命消滅的狀態，使心臟持續跳動，呼吸不停止。無論是躺在加護病房的癌症末期患者，或是因腦部疾病臥病在床的植物人等各種患者都有延長其生命的可能性。

對現代人來說，現代延命醫療帶來一個灰色地帶（gray zone），一個介於生死之間的不明確地帶。不僅如此，科學技術的高度發達，有不少必須重新探討的新議題也隨之而來。

決心與死亡同行

人生的轉捩點是法醫學著名講座

我就讀首爾大學醫學院，專攻法醫學。雖然不清楚一提到法醫，是不是有人會覺得我天生有著與眾不同的正義感。其實我會唸醫學院並不是因為偉大的犧牲奉獻精神，如果當年採用跟現在一樣的大學修業能力考試，也許我會名落孫山。

我高中入學時的志願是法學院，因為我想以「正義之名」審判世上的壞人。但是高二時，我面臨文理組的分組選擇，父母謹慎勸說我上醫學院，是以我選了理組。高三時，班導認為我的成績出色，徵詢我上醫大或理工大的意願。他強力建議我就讀理工大學電子工學系。但是，我從某一個瞬間開始，漸漸感受不到數學的樂趣，憑藉一股衝動，選了醫大。

就這樣，我在醫學院的六年歲月上過眾多課程，一心專攻神經外科、整形外科或感染內科。直到升上醫學院本科大四，不久就要面臨醫師國考的時候，我修習了我永遠的精神導師暨恩師李允聖（이윤성）教授的課。那堂有趣的課成為我人生的重要轉折。

首先，和總是守護、努力維持患者生命的其他科室講課相當不同。那堂課用科學接近死亡的方式十分新鮮，還有研判一個人的死亡真相也令我心緒澎湃。是場非常出色的知名講座。

當時感動我的內容，也就是我之後要分享給各位的。聽完那堂課，我萌生了一輩子走法醫學的想法。在我立定志向之後，立即上門拜訪李允聖教授。當時李允聖教授緊緊握住我的手，高興地表示我是十年來唯一找上他的弟子。

就在辛辛苦苦考取醫學院，不久後要畢業、身為兒子的我，沒頭沒腦地說要成為法醫，我的父母沉默好一陣子才問我：「法醫具體工作內容是什麼？」我答道：「簡單來說，就是解剖屍體。」想當然耳，一定會被反對，為什麼放著舒服的路不走，要走奇怪的路？要是喜歡困難的路，寧可選要動手術的科。之後，我花了大半天的功夫，半真半假地解釋何謂法醫，當上法醫的未來有多麼風光燦爛，勉強獲得父母首肯。

我好不容易走上法醫之路。不過，法醫不是多麼光鮮亮麗的職業，當法醫不會變富有，也不會提高社會地位及聲望。再說，法醫最常打交道的人是死者，當然也得不到患者的尊敬或感激。非常遺憾地，死者不能親自與我交談，我於他們，不過是人生最後一幕黯淡登場的配角演員。

即便如此，我聽完那堂與死亡相關的課，選擇走上法醫之路後，沒有因為自己選擇的路而後悔過。法醫是我的終生志業，我堅信不疑。因為比起光鮮亮麗的明星，我更期望自己成為曖曖內含光的人。

孤獨的法醫之路

文國鎮（문국진）教授是大韓民國最初的法醫學者。在6・25戰爭（韓戰）爆發前，他就讀位於平壤的平壤大學醫學院。戰爭爆發時，他來到南韓被編入首爾大學醫學院。我有幸聽他親口敘述成為法醫的契機。

・大韓民國第一位法醫學者，高麗大學名譽教授文國鎮

・我永遠的精神導師及恩師，韓國國家生命倫理政策院院長李允聖

當時是醫學院學生的文教授在某個雨天偶然走入一家舊書店，在那裡發現一本日本殖民統治期日本人留下的《法醫學》。他津津有味地讀完那本書，意識到法醫學是維護人權與實現正義不可或缺的學科，但當時醫學院沒有能學習法醫學的科別。於是，文教授拜會帶他走上法醫之路的恩師張起呂（장기려）博士。

張起呂博士起初持反對態度，說道：「這小子，為什麼要走本來沒有的科別？你不想走外科也沒關係，但不要學法醫。」話雖如此，張博士還是擔心弟子，畢竟選擇一個沒人指點的科別，擺明前方的路困難重重。

文國鎮教授就這樣踏上我國沒有前人走過的孤獨法醫路，學習的過程相當辛苦，他再次拜會張起呂博士，說：「老師說得沒錯。我不想繼續學法醫了。請收我進外科吧。」張起呂博士緊盯著文國鎮教授半晌後，終於開口：「混帳。這世界上沒有簡單的醫學。要是一遇到不如意的事就改變心意，最後還是會遇到一樣的問題。你既然努力了三年多，就不要拋棄那份熱忱，堅持下去。」

之後，文國鎮教授摸索出一條學習之道：赴美學習法醫。於是，成為我國第一代法醫。接著，經過幾個世代，如今我已是韓國的第四代法醫。興許就是張起呂博士的斥責，才使我國法醫命脈得以延續。

人權及法醫間的相互關係

我是法醫，同時也是病理專科醫師。大多數人聽到病理專科醫師都覺得有距離感，但了解後會明白，病理專科醫師和一般人的距離是出乎意外地近。去一般醫院做定期檢查會有胃內視鏡和大腸內視鏡的檢查項目，假如檢查出異常結果，就得做病理檢查，而病理專科醫師就是認真檢視顯微鏡，做出「這是癌症」、「單純發炎」等病理判斷的病理檢查負責人。

但是，病理專科醫師不是只看顯微鏡，也會看身體組織。如果患者動了癌症手術，須確認外科醫師是否好好去除了癌症部位，手術後隨時觀察是否有會引起後遺症的殘留癌細胞，也在病理專科醫師的負責範疇內。總之，判讀所有的結果，推測出病因及結果，都是病理專科醫師的份內之事。

很多人對法醫學的直覺聯想是「解剖屍體」，和警方一塊進行科學搜查，或是在殺人現場努力找出蛛絲馬跡，但並非如此。法醫的確會和警方一起前往命案現場，即時檢查屍體，但我們的主要業務是剖檢，也並不等於警方。過去有段時間非常紅的美國影集《CSI犯罪現場》，在劇中警方和科學家齊心協力靠科學方式破解難案，因而大受矚目。

由於這類的影集，人們對法醫的印象變成解決神祕案件的刑警，但影集只是影集，千萬不要誤會。法醫在百科字典的定義如下：

主要業務是協助警方調查，揭露確實死因與死亡經過，以謀求人權的醫者。

不過，這樣的定義也不算完全正確。因為法醫除了協助警方調查之外，還牽扯到其他法律相關醫學問題。不可否認的是，法醫學者的人權主義者的氣息，確實比刑警要強烈得多。

我時不時就會被問，法醫的日常生活是怎樣的？就我在韓國國立科學搜查研究院的同事來說，法醫的工作內容大致是：一個禮拜進行約兩次剖檢；大部分時間進行鑑定作業；偶爾去案發現場判定死者的死因和死亡種類；以及為本人負責鑑定的剖檢出庭作證。而在大學上班的我則是每週一去剖檢三到四具屍體，投入鑑定作業，偶爾也會出庭陳述相驗意見。

除此之外，我將心力投注在每學期的講課及研究。全國有四十間醫學院，只有首爾大學、延世大學、高麗大學、天主教大學、忠北大學、慶北大學、全北大學、全南大學、釜山大學和紀州大學有法醫學教授。所以，我時常要到沒有法醫學教授的大學教課，講課壓力沉重。

我的研究主題主要和死亡有關，如此像是二〇一八年發表的〈在三溫暖的死者剖檢結果（參考文獻4）〉（사우나에서 사망한 사람의 부검 결과）、〈不到一歲猝死嬰兒的基因突然變異（參考文獻5）〉（돌연히 사망한 1세 미만 영아의 유전자 돌연변이 연구）等論文。

從廣場移到法庭的「forensic medicine」（法醫學）

法醫學的基本概念是研究執法相關的醫學及科學，將其用於醫學領域。法醫學的英文是forensic medicine，因為關係到執法，又稱為legal medicine。Forensic字源來自拉丁語forensis，意思是廣場（forum）。

希臘羅馬時代的審判通常在廣場公開進行，市民們會齊聚廣場投票。審判時，科學家會提出意見，協助審判進行。舉例來說，當科學家說：「我看得一清二楚，是此人殺的。請看，這不就是證據嗎？」根據科學家給出的意見，市民們會爭論不休：「啊，原來如此。此人確為犯人。」「啊，此人是自然死亡，不是奇怪地死去。」

雖然Forensic的詞是指進行審判的廣場，今日廣泛應用於確認犯罪證據的科學搜查用語。能對法律有助益的學術常常使用到forensic一詞，比方說，數位鑑識（digital forensic）指的是確認電腦犯罪事實成立之必要證據的犯罪調查技術。由此可知，說不定法醫學是從廣場進化到法庭的醫學。

法醫經常為提供剖檢鑑定結果或意見而出庭。不僅是殺人案件，還有醫療過失案等案件也會徵詢法醫的意見。雖說法醫出庭作證是履行社會責任，但多少會感受到壓力。我有過陳述對犯人不利之證詞，被犯人直勾勾盯視的經驗。如今回想那天仍心有餘悸。

當時，在知名登山路線的石頭附近，發現一具穿著顯眼登山服，顏面及頭部佈滿血跡的屍體。屍體出現在登山客休息時會坐的石頭下方，稍微脫離原有登山步道路線。

被害者是一名平凡的家庭主婦。科學搜查隊接獲民眾報警馬上出動。在屍體脖子發現瘀青，懷疑是殺人案件，因此進行剖檢。剖檢結果確認顏面及頭部多為皮下出血，大腦則是蜘蛛膜下出血。另外，脖子皮膚上出現指頭模樣的瘀青，脖內軟骨承受過足以令其破碎的強烈壓迫。腦出血及頸項壓迫等造成的頭部損傷是最終判定死因。

犯人在警方搜查過程中自首了。有過前科紀錄的犯人聲稱自己不過是想搶錢，全怪被害者頑強抵抗，兩人才一塊摔下導致被害者不幸摔死。而犯人想搶的金額僅僅一萬多韓元。

被害者是否真如犯人所言，是摔下去的？或者因其他暴力「故意」傷害致死，都是我作為法醫必須揭曉的事。然而，被害者肉眼可見的外傷——蜘蛛膜下腦出血絕非摔落造成。

被害者的顏面與頸項兩側，特別是耳下，有可能是受到強烈外力衝擊，諸如拳打腳踢，使頸骨朝外突出，誘發經此部位的脊椎動脈破裂，導致腦下部為中心點的腦溢血。也就是說，犯人攻擊了被害者的面部，絕對不可能像他說的，只是摟住脖子摔落造成。

這對法醫來說是再明顯不過的事，不過對主審法官來說卻是一個重要情報。因此，我得仔細說明鑑定意見。犯人雖極力主張絕對沒有用力掐被害者的脖子，但就客觀資料看來，被害者的脖子有著明顯壓痕。在我作證的時候，犯人不斷瞪著我，偶爾朝律師低語幾句，律師又會對我拋出幾個問題。

老實說，我被犯人目不轉睛的眼神看得有些發毛，很擔心法官提過我的名字與我的工作單位，萬一他記住我怎麼辦？即使如此，我也不能扭曲客觀的科學事實。

想知道──真相

沒有招牌也流行的「法醫學」

法醫學大概是靠著《想知道真相》（電視節目）而廣為人知。節目中法醫以科學推論，滿足大眾對死亡的好奇心的模樣，給觀眾留下深刻印象。

於是，多家媒體，包含一些調查節目紛紛聯絡我，希望我說明關於誰誰誰的死因。舉例來說，吸入過量笑氣氣球死亡的年輕人。媒體邀請我在節目上說明笑氣氣球中的二氧化氮成分，以及為什麼吸了二氧化氮會致死。對方可能覺得我是首爾大學教授暨法醫，無所不知。

老實說，我不是全知全能的。但是，疑問如雪花般飄來，加上有一陣子會收到重複的疑問，為了解惑，我潛心研究相關論文，代入類似情境，最後做出自己的結論。那些提問反而增進我的法醫知識。

我國究竟有多少名法醫？根據二〇一七年統計結果顯示，我國登錄在冊的醫師人數為十二萬一千五百七十一人，其中大多數是內科醫師。我們生活周遭隨處可見「安心內科」等內科招牌。還有，去首爾新沙站或狎鷗亭站舉目皆是整形外科的招牌。但是，再怎麼睜大眼睛也找不到任何法醫的招牌。

相較之下，法醫少之又少。目前我國約有四十名法醫。扣掉釜山三位，其他法醫分散在全國各地。我們參加一年舉辦的兩次學會時，絕不會集體行動，就怕有個萬一，發生客運重大車禍，我國法醫招致全滅。我說的是半玩笑半當真。總之，我們聚會的時候從不一起行動，會各自利用不同的交通方式前往。

媒體和法醫學揭露的冤死

二〇一三年，我收到《好奇故事Y》（電視節目）節目編劇來電邀請，對方表示：

「希望教授您能看看最近公告欄的熱門話題。由於節目的特殊性，編劇組會瀏覽各大布告欄尋找節目素材。」工作繁忙的製作組仍不時抽空與我討論話題資料內容。

該話題是關於一名二十七個月大的孩子的死亡，這使我不得不仔細研究。不過，孩子死後便火葬處理，沒有剖檢資料，僅留有D市大學醫院的醫務紀錄。身高不到一公尺的孩子，死因竟然是顱內出血中的硬膜下出血，看完醫務紀錄的我大吃一驚。因為這種身高的孩子摔得再重也不至於引起硬膜下出血。

硬膜下出血是一種頭骨內部的腦硬膜和蛛網膜之間產生的出血現象，多半由外傷引起。主要是頭部快速移動之際，猛然停止的加降速機制導致。臨床數據顯示，硬膜下出血多半是因為跌倒或是撞到牆等固定物體所致。比這更驚人的是，孩子「各自獨立的雙腦」均出現硬膜下出血現象。案件具體細節如下：

二〇一三年，某間大城市的大學醫院急診室送來一名二十七個月大的孩子。由於家庭因素，孩子出生沒多久就交給未婚的姑姑照顧。父母的不合使孩子失去了養育者，全靠姑姑含辛茹苦地一手把孩子拉拔大。就這樣過了十六個月，某一天生母找來，說要把孩子帶走自己養。那之後，姑姑再也沒見過孩子。

被送到醫院的孩子在救治過程中死亡。而大學醫院醫生開的死亡證明書註明是「外因死」。手握公權力的人有權涉入外因死，譬如警察。然而，生母帶走孩子屍體，並且拜託專業醫生開立死亡證明書。

因腦出血得接受救治的孩子，光看臉就知道是外傷致死，但那位醫生開立的屍體診斷報告書中，卻荒謬地將死因歸為「病死」。事後才揭穿那位醫師壓根沒看過孩子。

已然冰冷的孩子屍體在上妝後歸於塵土。孩子姑姑突聞死訊，難以置信，遂將孩子的死訊上傳公告欄，表示孩子在自己照顧時十分健康，難以接受猝死噩耗。

電視台送來的腦部影像檢查可看出大腦「兩個部位」都有陰影，即，有多重硬膜下出血。也就是說，孩子的腦部在不同的時期受過不同的傷，除了急性腦出血之外，還有時間較久遠的腦出血。此外，孩子有發育遲緩的傾向。我在接受電視台採訪時表示：「身高不到一公尺的孩子，再怎麼摔也不會造成兩次硬膜下出血。」

警方重啟調查，調查進度的進展相當迅速，案經再審，生母被判處實刑四年，同居人判處有期徒刑十個月。此外，未曾驗屍、任意發給假診斷書的醫生則被判處徒刑一年六個月，緩期兩年執行。由於生母主張孩子是因為食用油過滑的摔倒事故致死，法院判決罪名是涉嫌把腦出血的女兒遺棄在醫院的遺棄致死，不適用殺人罪。

作為法醫，我對這個判決結果深感遺憾。孩子兩處腦出血真的是因為單純摔倒造成的嗎？我至今仍持否定態度。還有，另外一件令我在意的事，最近，我因為講座去到案發地點所在的城市，意外聽說的消息：開立荒謬的死亡證明書的醫生繼續從事老本行。

煽情報導下掩蓋的死亡真相

在《想知道真相》（電視節目）中，有一起出名的案件「聞慶十字架自殺事件」，事件內容是這樣的：聞慶荒山的十字架上被發現釘有一具屍體，引起多家媒體爭相報導，包括網路媒體。媒體報導不約而同表示：「聞慶十字架自殺事件，專家學者認為：『不可能是自殺。』」

日前，於慶尚北道聞慶的廢棄採石場發現一具釘在十字架上的屍身。死者是自殺還是他殺，眾說紛紜。經專家學者的多方合理推論指出，死者不可能是自殺（參考文獻6）。

這起案件以自殺結案，是一名宗教妄想者效仿耶穌，把自己釘上事先立好的十字架，一手策畫自己的死亡。實際上，死者是頸部勒斃身亡。現場留着寫有自殺計畫的紙張。即使事後透過剖檢，揭露自殺真相，不過還是有幾名醫學專家感到驚訝，認為不會是自殺。

我雖不清楚這些專家有什麼證據才會說出這種話，但無疑地，法醫才是死亡專家。我聯絡過國內少之又少的法醫，一致否認自己給過那種鑑定意見。藉由縝密觀察與現場採證，得以研判這起死因為自殺的案件，帶給我們的啟示是：不可以單憑一張照片斷定死亡種類。

法醫推測真相全靠明確的證據。不管敘事合不合邏輯，法醫的主張立足於明確的證據。雖說豐富的經驗與直覺很重要，然而，法醫學是根據百分百的科學證據，對案件進行最終決定性判斷的學問。

接著，我將透過實際案例說明法醫學如何解開死的祕密。以下登場人物都是假名。

在法醫學前不存在完全犯罪

沒有罪證的無罪殺人

案件發生在二〇〇〇年代初期某一個農村，金某是住在農村旁的小鎮農夫。喜好酒色的他，農忙時節也總是滿臉通紅，酒氣薰天。加上老是滿口髒話，一不順心就聳肩揮拳，有暴力傾向。所以，鄰居們總是對他退避三舍。

妻子朴某一手包辦農活和照顧孩子的責任，她看丈夫不順眼，三不五時就臭罵丈夫無能，頂撞和嘮叨丈夫。

三月七日晚上十點十分，涼颼颼的夜晚，原本就鮮少有車經過的農業協會分會前的雙向四線道，更是罕有人跡。麥穗被割下的田野小徑，在農協前路燈的映照下，路過的崔某看見朴某的紅色小轎車卻停在農協前雙線道上，而當時明明是綠燈。

不知道過了幾秒，崔某聽見砰的聲響。他吃驚地回頭，看見在距離二十公尺的地方，紅色小轎車撞上了停在路旁的無人貨車尾部，整個引擎蓋卡在貨車下方。而當時仍在農協分會的員工聽到聲響後，衝了出來。

「快報警！天啊，怎麼辦……」

農協員工打了一一九，崔某慌慌張張檢查出事故的小轎車。不幸地，因為是小轎車，車頭卡得很死。崔某透過車窗看見朴某鮮血汩汩的左臉。

「阿姨，妳沒事吧？」

崔某不停地呼喚朴某，卻一直沒得到回應。這時，後座傳出粗重的男人嗓音。

「哎呦喂，哎呦喂……好痛，快救救我。」

躺在後座的是丈夫金某。十點十四分，在事故發生四分鐘後，一一九急救隊抵達現場。急救隊員們拍下車輛照，快速謹慎地把朴某和金某拉出車外，以救護車送達就近醫院。縱使手忙腳亂，急救隊員在看到朴某失去呼吸和血壓等生命徵象後，迅速施以心肺復甦術。

十點三十五分，救護車抵達醫院。急診男醫生跑出急診室，儘管丈夫金某哀號脖子痛，加上額頭出現瘀青，所幸生命無大礙。然而，妻子朴某早沒了呼吸和血壓，於是，醫生宣布到達已死（DOA，Dead on Arrival）。

朴某左額有約一公分長的流血傷痕，無其他明顯外傷，醫生表示：「通常這類的車禍會造成頸骨脫位。」為了確認死因，拍攝X光片，醫生觀察了好一陣子X光片，初步研判：「是寰樞關節脫位，換句話說，是頭蓋骨和第一節頸骨錯位脫臼。」醫生正式宣告朴某的死因是車禍。丈夫金某隔天出院，迅即將妻子下葬祖墳。

在朴某的葬禮結束沒多久之後，農村人心惶惶，謠言四起。總結謠言內容：「丈夫金某殺了太太。」金某一點也不在意那些謠言，反而火上澆油，「我老婆死了是她命不好，活著的人還是得過日子。」甚至大肆宣揚自己拿到妻子的身故保險金。鄰居們害怕金某，只敢在背後嘀咕，當面一聲不吭。

在朴某去世半年後，檢方收到一封匿名信。內容很簡單。早在朴某死前兩年，丈夫金某就已放話，願意付錢給殺死他妻子的人，只不過當時遭到拒絕罷了。檢方立刻著手調查，發現匿名信指出的時間點與朴某的壽險購入時間點一致。在朴某死前兩年，金某買了四份壽險，總保額五億。警方傳喚一位和金某住在同一個社區的舉報者劉某。

「哎呦喂，我跟金某兩個人喝米酒，喝著喝著，他冷不防說他太太名下有很多壽險，如果殺死她就分我兩億。我又不是沒有人性，哪做得出那種事。」

劉某嚥口水，繼續說道：

「『喂！不要說這種會出事的話！』我那時這樣回答他，馬上轉移話題。但是兩年後，他太太真死了，我心裡總覺得七上八下……」

檢方主動查詢保單相關內容，結果發現更驚人的事實。原來朴某名下除了死前兩年加入的四份保險外，在朴某死前一個月，她又加入了五份保險，總保額十三億韓元。十三億對現在來說也是一筆大數目，遑論二〇〇〇年代初期的鄉村。雖說金某名下有很多田產，但妻子加入九份保險仍啟人疑竇。保險公司也保持存疑態度，採拖延戰術，延遲理賠時間。

朴某死後一年六個月，檢方決定剖檢埋在祖墳的朴某屍體。當時屍體雖還沒白骨化，但也腐化得差不多，只剩些許筋肉。

在解剖朴某的脖子時發現一個疑點。位於咽喉最大的軟骨，即甲狀軟骨的左上部位斷折。甲狀軟骨只有在脖子受到強力壓迫時才會斷折。可是，屍體腐爛程度過於嚴重，以至於無法從活體反應確認是否在生前就受到強力壓迫，只能推論朴某很可能是被勒住脖子，至於骨折現象是發生在生前或是腐屍發酵才產生斷裂的，就無從得知了。

檢方靠著劉某的證詞，以教唆殺人未遂的罪名起訴金某。雖然如此，檢方依然懷疑朴某的死因，進而蒐集所有紀錄，包括醫院判定DOA之後拍的照片和一一九拍下的車禍現場照。死因是車禍造成的「頸骨脫位」。醫學事實無可爭辯。

不過，經車禍分析機關處理的車禍現場紀錄指出，事發當時，駕駛極可能已經死亡，是第三者代

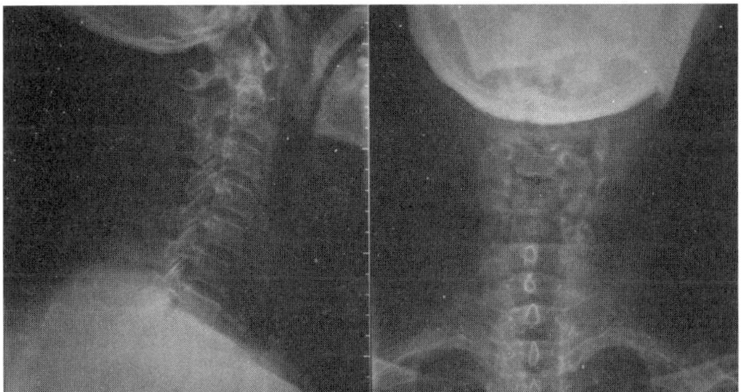

・包含甲狀軟骨的頸骨X光

理駕駛，於是檢方決心請教法醫。

這也是為什麼我收到了資料。為了做出準確判斷，我把X光片發給我的一名同事。那位同事是影像醫學教授。他回覆我：「看不出哪裡脫位。」換句話說，X光片中沒有頸骨錯位的部位。

不僅如此，在我細看車禍現場照之後發現新疑點。駕駛座朴某的安全帶擱置在兩臂上，並且朴某的舌頭是吐出來的。

一般人繫安全帶時會橫過身體，沒道理擱置在手上。此外，依我所見，吐舌現象應是掐脖窒息死。緊接著，我仔細觀察朴某到院死亡後馬上拍下的照片。照片中，屍身顯而易見的斑點叫人吃驚，我立即連絡檢方。

「屍體照是什麼時候拍的？」

檢方表示是一一九送到醫院，醫生宣判死亡之後立即拍下的。一般來說，人在死後兩至三小時，因為重力作用，血液積累在屍體低下部位，最終皮膚表層形成花花綠綠的屍斑。照片中的深色屍斑起碼要死亡超過四小時，才可能出現。

我問檢方有沒有試圖壓過那些屍斑，屍斑是否為固定狀態？這是由於屍斑產生後約七至八小時，壓迫不會使屍斑消退。反之，若屍斑出現在死後七至八小時之內，壓迫可使屍斑消退，形成白痕。可惜檢方說當時沒壓過那些屍斑。

這起案件以丈夫金某在朴某死亡前兩年的殺人教唆未遂罪名結案，判處一年徒刑，三年緩刑。

她的身體留下的最後訊息

一名穿著寬鬆的褲子和短袖襯衫的男人回到屋子裡。炎熱的天氣，汗水把他的短袖都浸濕了。男人神情漠然，談論着一名睡夢中猝死的女人。

「三十八歲的家庭主婦，好像是睡到一半猝死。我想是心臟痲痺。這個女人有點胖。」

男人像《Show me the money》（電視節目）的rapper一樣，連珠炮般地報告案件概要。這位男刑警已經自行研判，死因是心臟痲痺。

「不過讓人介意的是，死者和先生三天前曾發生口角。」

刑警觀察一下我的神色。這種時候保持沉默是上上之策，因為讓刑警講出直覺的疑點、暢所欲言，是我的責任。以刑警的作風，他們不會說出沒有把握的話。

「啊，我也調查過鄰舍，鄰居說這個女人的聲音大到驚動左鄰右舍，一直喊着：『殺了我啊！殺了我啊！』」

話沒說完，刑警盯著我的臉，停頓了一下。

「她大腿有被打過的痕跡。不過，三天前那場吵架之後，先生就離家了……」

看來刑警雖認為死因是心臟痲痺，可是直覺事有蹊蹺。

「那麼是誰發現屍體的？」

「離家出走的先生說自己回家時，看到太太躺在床上，連忙上前搖晃她，不過太太早就死了。科學搜查組出動，確認過現場，說死不到一天。」

「他們夫妻吵架的原因是什麼？」

「這位太太愛喝酒，偶爾晚歸。鄰居說先生懷疑太太。先生也承認那天吵架是因為疑心太太有外遇。」

剖檢組進入剖檢室看見了那個女人，一眼望上去就是平凡、略胖的家庭主婦。而最先映入剖檢組眼簾的是，她那雙散發膏藥味，滿是紅紫瘀青的大腿。

刑警指著女人的大腿說，三天前夫妻吵架時，先生用棍子打了太太的大腿。可是，夫妻吵得如此之兇，太太卻沒有防禦的痕跡。通常被打的時候，人們的手臂和手部會下意識地擺出防禦姿勢。雖說女人的左眼周出現瘀青，但像是手臂、手部和腳的其他部位都沒有傷痕。

「女人沒還手，就是單方面被打嗎？還有，兩條大腿的瘀青不是一次性瘀青？分明被打過好幾次。」

刑警回答我：

「那位先生是個『瘋子』，把太太打到躲在牆角，直到她求饒，拜託先生原諒她的外遇。根據先生的證詞，太太一開始有反抗，只不過吵著吵著，看到他舉起棍子，她才乖乖挨揍。」

為找出確實的死因，我進行了剖檢。女人的胸腹和臉部都無損傷。雖說被鈍器毆打也會形成瘀青，但是以女人的骨頭無異狀來看，我推測是拳頭所造成的左眼瘀青。接著，當我剖開女人兩條大腿時，觀察到驚人的事實。原本在大腿內側的肥厚黃色脂肪層挫傷，也就是說，粉碎了。此外，大腿筋肉組織也同樣破裂，尤其是原本該是黃色的脂肪層呈現紅色。這說明她的大腿受過沉重鈍器的打擊。

死者的傷痕遍布大腿。我在腦海描繪出她受傷時的情境，不太確定她是否如先生所言，一開始有強烈反抗，直到看到先生舉起棍子的瞬間才萬念俱灰。於是，我詢問刑警：

「在死者被先生打了之後，有目擊者看過死者走路的模樣嗎？」

「有的。鄰居說她一瘸一瘸地去了市場。問她哪裡不舒服，她只說自己沒事。」

大腿組織挫滅現象會帶來劇烈的疼痛，連帶影響到行動。我想死者應是咬牙忍耐疼痛，硬撐出門。刑警著急地追問我：

「死因不是心臟麻痺？」

「每個人死後心臟都會麻痺。目前看來，死因不是心臟麻痺，是外傷性休克致死。」

刑警嚥了口水，再次發問：

「所以，她是被打死的囉？可是，被家暴是三天前的事。」

「一旦組織挫傷，有效血液量，也就是我們體內的血液循環量會減少。雖然還得檢查腎臟和其他組織，不過按照她脂肪和筋肉受損嚴重的程度看來，其他器官也會受到影響，有可能因此死亡。我想死者到生命的最後一刻大概都還在呻吟吧。」

刑警急忙寫下我的鑑定意見。最初見面時的漠然眼神，也不知不覺地變得銳利。

「我知道了。那麼屍檢結果什麼時候會出來？」

「得等血液檢查結果出來。總之，我會盡快給你屍檢結果。」

非本意的孩子，非本意的死亡

法醫檢視孩子屍體時會格外專注，因為要傾注更多努力，為能聽見孩子來不及說出口的話。

案件背景是二〇〇〇年代首爾某一所綜合醫院。某一個十月的夜晚，一個十一個月大的嬰兒被送至急診室。正是愛哭愛笑的年紀，孩子卻失去意識，身體也失去反射作用。經過多次檢查後，診斷結果是硬膜下出血。

主治醫生十分驚訝，因為這個年紀的孩子發生硬膜下出血是少之又少。除非摔倒，造成頭部受到地面或牆面的猛烈撞擊，才可能發生硬膜下出血現象。醫生小心翼翼地對這位看上去只有二十歲出頭的孩子的媽媽發問：

「孩子什麼時候昏迷的？」

「我確認過孩子在玩耍才去廚房準備泡奶。我回來的時候，孩子已經睡了。我想確定她睡得熟不熟，卻怎麼也叫不醒……」

媽媽紅著眼眶說。醫生再次提問：

「孩子有摔倒嗎？」

「沒有。沒摔倒過。啊！」

媽媽似乎突然想起什麼。

「之前孩子沒用學步器走路，跌一大跤，哭得很厲害……」

醫生想繼續追問，但收到緊急呼叫。護士通知醫生患者狀態惡化，醫生不得不暫時離開。幾小時的手術過去，已經是早上，孩子的爸爸出現了。孩子爸爸外表看起來是名高中剛畢業的年輕人，頂著一頭亂髮和前晚宿醉的臉問：

「孩子怎麼樣？手術順利嗎？」

孩子的媽媽在一旁不停啜泣。

「已經動過去除腦出血的緊急手術，得繼續觀察後續情況。」

因為突如其來的不幸，年輕夫妻滿臉慌亂，孩子的爸爸也淚流不止。接連昏迷好幾天，孩子還是不幸離世。主治醫生感到惋惜之餘，卻也陷入苦惱。

在院死亡通常會開立死亡證明書，由醫師於文件簽名處寫下「病死」便可舉行葬禮。儘管如此，醫生仍感覺有些不對勁。

這個孩子沒有任何腦血管相關病史，即便摔跤，個子也太小了。苦惱的醫生寫下了「外因死」。接着，醫院行政室按程序通報警方，警方來到醫院著手調查。

「醫院的醫生判斷孩子的死是外因死。外因死意味著自殺、他殺或事故死。我們明白孩子突然過世，您一定很混亂，但方便協助我們調查嗎？」

孩子的媽媽強烈反彈說：

「我們的孩子死了。警察憑什麼向我們問東問西？就不能體諒我們的心情嗎？」

孩子爸爸附和說：

「孩子剛死，醫生你就讓我們接受警方調查，你沒小孩嗎？」

孩子父母說話態度越來越衝，醫生開始後悔自己的判斷。警方一邊安撫他們，一邊提問：

「孩子有摔倒過嗎？」

「有。昨天走路時摔跤哭了。」

「有沒有受傷？」

這起案件狀似要以事故死結案，最終決定權握在檢方手上。但是，檢方讀過警方呈交的案件報告之後，對死因存疑，要求剖檢。孩子的父母，尤其是孩子的媽媽激烈反對，說對死去的孩子動刀，如同割裂父母的心般，是不負責任的行為。即便兩人反對，剖檢仍按預定計畫進行。

在醫院要先確認死者所有醫務紀錄和檢查資料才能進行剖檢。首先，我確認過孩子的屍體，右臂與右手腕有瘀痕。手術前的資料顯示，孩子右腦有大塊硬膜下出血。在剖檢過程中，我用肉眼觀察孩子的左腦顳骨關節及右腦的硬膜下出血現象。和其他案件相比，這是一次簡單的剖檢。

死因是頭部損傷。腦部運作突然從高速驟減，換言之，大腦因加速時驟停而導致損傷。成人多半是因為酒後失足，而如果兒童走路摔跤，是不會出現這種骨折和出血現象，更不要說如孩子的媽媽所說的，身高一公尺以下的嬰兒會發生這種事。要是孩子走路摔跤會導致這種傷害，人類早就滅亡了。

「右臂和右手瘀痕是孩子在世時，也就是說，是生前的外傷。另外，左腦顳骨關節和右腦額葉的硬膜下出血恐是從高處墜落，腦部重擊牆壁所致。不過，其他部位沒有高處墜落傷，需要進一步仔細調查。」

警方變得勤快且有效率，在審訊孩子的媽媽並取得她的自白後，也在住處找到撞牆痕跡。

孩子媽媽的自白內容讓人惋惜。她說：「高中剛畢業，因為懷孕才不得已結婚，實在太討厭了。丈夫沒有像樣的職業，每天只會喝酒發脾氣，孩子哭鬧就把孩子丟到牆上，結果孩子瞬間安靜，陷入昏迷。」

這起案件是典型的對「棄兒」（unwanted child）施暴，往往發生在孩子的出生不受父母歡迎，父母自身本位的需求，優先於對孩子的愛時。

某個一兵的死亡，「輕輕拍一下就死了」

二〇一四年盛夏，獲得年度記者獎的ＫＢＳ電視台的熱血尹記者來電，說他在法律事務所聽說了軍隊死亡案件，對《想知道真相》（電視節目）中的「漣川韓軍虐兵案」存疑，想進行調查。

當時書桌上的電話聲大作。我通常會把手機轉為震動，加上沒人知道我的研究室電話，所以我嚇了一大跳。接起電話的瞬間，從電話那端傳來予人好感的爽快的說話聲。

「教授，我是ＫＢＳ的尹記者。」

「您好，有什麼事嗎？」

「您聽說過軍隊中的死亡案件嗎？」

尹記者開門見山，直切主題。每年有超過一百名服役的年輕人因為各種原因死去。雖說服兵役的人數絕對少於出社會工作的同齡人。但死者是死於服役期間，所以引起大眾強烈關注。

記者發問後，我很快地接話：

「啊，您說的是什麼案件？」

「最近新聞報導過一起吃著麵包的士兵窒息而亡的命案。我們從報導記者那裡拿到了剖檢照，想請教授發表意見。我個人認為這起案件疑點重重。」

法醫接觸過的記者和節目製作人大多是滔滔不絕的，哪怕只聽漏一句話也會前文對不上後語。

「好的。請把相關資料寄到我的電子信箱。我會仔細看的。」

「如果方便的話，請馬上看。假如教授您看過也覺得可疑，我們會立刻放上九點新聞的標題。」

快速直接、令人慌張。記者和節目製作人往往不給人喘息的空間。

「好的。我會馬上看。」

因他匆忙的語氣，我也跟著飛快承諾。記者已經知道我的郵箱地址。大概是從網頁得知的吧。我一掛電話，電腦立即跳出記者的信件通知。我打開檢方檢查報告附件，剖檢照中的死者傷痕多到連我這個法醫也不禁皺眉。

死者的兵階是一兵（注：等同台灣的上等兵）。胸腹、背和四肢有大範圍瘀青。要傷成如此大範圍的損傷並不容易。若受到強烈外力撞擊，如墜樓或車禍，應會造成更大範圍的傷害。然而，傷痕要像這樣遍及全身，如非事前計畫的暴力行為，諸如拷問，是很難發生的。我也看了記者寫的案件概要。

軍中學長平常會毆打一兵。案發當時，學長拍了一下正在吃麵包的死者，麵包噎在死者喉嚨，最終致死。軍隊的剖檢報告也寫著有食物卡在氣管。連同剖檢報告送來的醫療紀錄也寫明是缺血性腦中風，也就是腦部組織因急性缺氧而壞死。移送死者的士兵和副士官一致表示，在現場立即施行了心肺復甦術，進行搶救。

不到三十分鐘，電話再次響起。對方原本沉穩的語氣像連珠炮一樣響起。

「教授，全都看完了嗎？您怎麼想。方便進行採訪嗎？」

「我好像得冷靜多看幾眼。首先，死因看起來不是氣道阻塞。」

記者忙不迭地反問：

「為什麼這樣想？」

當人死或陷入假死狀態時，筋肉會鬆弛下垂。人體內的筋肉也一樣。人死時，勒緊肛門的肌肉會放鬆，排出排泄物，男性死者有時會排出精液。控制食道和胃的筋肉也是如此，生前控制得當的食道，會隨人死後鬆弛的狀態而食道逆流。

因此，在按壓死者或假死者的胸膛，施行心肺復甦術，甚至緊急送往急診的過程中，有時會看到死者或假死者胃中殘餘的食物經過食道逆流，到達口腔。雖說有些人是因為酒後嘔吐，因嘔吐物堵塞食道，不幸噎死。實則有更多的死者是因喝酒導致急性酒精中毒死亡之後，食物才逆流至口腔。

我告訴記者，這次的死者很有可能是因實際傷害致死，主治醫生與剖檢的法醫忽略了此點。我感覺得到電話那端記者張口結舌的模樣。

「我現在馬上……不，不夠時間了。您方便接受電話採訪嗎？」

我們開始了匆促的採訪。

「外傷性休克的主因以低血容積性休克（Hypovolemic shock）居多。舉例來說，假如有拳頭大小的組織挫滅，即粉碎，會減少約10％的血液循環量；假如是大範圍的組織挫滅，恐會陷入休克狀態。比起氣道阻塞窒息，我更傾向這次的案件是外傷性休克所致。」

我盡可能客觀說明相關的學術論點，但九點新聞只報導結論。歷經曲折迂迴之後，軍事檢察官追加調查，我的意見也被送至軍事檢察官手上，檢察官慎重以對。起初判定死因是氣道窒息的醫生，看來並非惡意誤判，而是遭士兵最初的證詞誤導所致。而軍事檢察官則積極採納醫生的意見。

之後，在《想知道真相》節目中揭發的真相細節比剖檢照更殘酷，用人們常說的「超乎想像」也不足以形容加害士兵們的暴行，沒事就會嫌尹一兵說話太慢，水沒喝光而施暴。慘遭施暴的尹一兵因此跑去上廁所，又說他裝病，再次施暴。尹一兵身歷的恐怖情境便在一張張的剖檢照裡被傳達出來。

醫生不再是醫生，成了殺人者

這起命案是關於一名臨盆在即的孕婦，在家中浴缸摔倒死亡。死者的丈夫生長在不富裕的家庭，為了不白費母親的犧牲和辛苦，認真念書，最終考入醫學名校。在畢業之後也順利完成實習課程。他天性喜歡小孩，最後也實現當小兒科醫生的志願。

爾後，丈夫和笑容甜美、個性大方的妻子交往結婚，前程看似一帆風順。不過，在住院醫生時期的表現並不出色，後來進入職場的工作表現也平平。在第四年住院醫生時，為了準備考專科醫師考試，提出休假，停止看診，沒想到卻沉迷於電腦遊戲。

由於專科醫師考試合格率超過90%，丈夫抱著考試絕無落榜之理的僥倖心態，但偏偏那一年的小兒科專科醫師考試出乎意料地難，專科醫師第一回合考試的小兒科應考者全都不合格。那一年，丈夫工作的醫院應考合格率約24%，而全體考試合格率約50%。

醫學專業媒體表示：「不顧周遭的人阻攔，有著堅定信念報考兒童及青少年科的眾多應考者，他們所有的人生計畫都成為泡沫幻影，吐露淒涼心聲。」類似報導接二連三，也出現要求醫療機關重新舉辦考試的聲浪。

丈夫萬萬沒想到自己會考不好。當時妻子臨盆在即，儘管妻子明白落榜問題不在於丈夫不認真讀書，可是，一旦他考試沒過就得面臨要入伍的狀況。夫妻兩人為了丈夫將離開首爾、育兒及妻子職場問題而起口角。加上，丈夫泡在備考時玩的遊戲中，也經常整天不說話。

第一輪考試沒考好的丈夫，隔天一早出門去學校圖書館。其實，那時是第二輪考試期間，根本沒必要念書，但丈夫還是一整天窩在圖書館。擔心即將臨盆的女兒、每天都會打電話的岳母，在一整天聯絡不上女兒之後，又打給了女婿，但女婿也不接電話。

丈夫晚上回家才發現太太躺在空浴缸裡，連忙報警。警方出動，確認了半縮在浴缸中的孕婦已死亡。

為了查明這位妻子的死因，搜查官拜託國科搜進行解剖以釐清死因。國科搜的法醫得到前輩們的建議，謹慎檢查。死者的眼皮結膜點狀出血聚集，造成出血斑。剖開屍體之後，法醫注意到脖子與下顎肌肉有大範圍出血，研判是被人勒住脖子，導致窒息死亡。換言之，死因是扼死。

此外，死者頭頂的頭皮下也有出血現象，判斷意見是頭頂撞到某處所導致，但不是致命傷。警方變得忙碌起來。扼死代表有人徒手掐死死者。

死者的家是一般的住商大樓，不過，閉路電視沒拍到任何可疑人士出沒。丈夫變成了主要懷疑對象。而丈夫堅決否認涉嫌，主張夫妻感情和睦，自己沒殺人動機。但是，丈夫的身上卻有好幾處抓痕。他信誓旦旦地表示頭部傷痕是由於碗櫃導致的擦傷，而手臂傷痕是因為過敏搔癢留下。法醫從妻子的指甲驗出了他的DNA。但是有可能是夫妻行房事時抓背造成的。單憑這兩點不足以作為決定性的證據。

調查機關動用測謊儀，針對夫妻是否發生口角、有沒有家暴過妻子、是不是殺害妻子等重點提問。不過，測謊儀都顯示為謊言。偵訊的氣氛轉向施壓自白，丈夫堅不鬆口，並極力爭辯測謊儀不具可信度。與此同時，調查機關請求的法醫學者鑑識報告上註明的死因都支持國科搜的判斷，指向了扼死。

見情勢不妙，丈夫的律師緊急聯絡加拿大法醫Michael Sven Pollanen，他是加拿大多倫多大學法醫系教授，二〇一八年國際法醫學會會長，也是位聲望很高的法醫。過去他的研究論文中，特別提到捐贈的大體如出現像是遭人勒脖的出血現象，必須進行病理學檢查。對一口咬定自己無罪的丈夫來說，是如同救世主般的存在。

此外，一九九六年的「牙科母女命案」時，韓國國內法醫被瑞士法醫攻得節節敗退的事記憶猶新，丈夫有很大的機會被判無罪。這兩起命案的共同點有二，一是案件嫌犯都是醫生，再者也是國內外法醫之間的攻防戰。在牙科母女命案一審與二審時，嫌犯遭法庭宣判有罪。可是，大法院推翻法院判決，判嫌犯無罪。

除國科搜外，檢方尚邀請到首爾大學和慶北大學進行鑑定。我的恩師李允聖教授細看所有資料，推論各種可能性。而他的結論一樣是扼死。

法庭開庭審理此案。麥可・斯文・波蘭寧（Michael Sven Pollanen）教授安排一週時間來到韓國，由口譯隨同參與審判。波蘭寧教授提出的主張與其論文相同。審判中途發生口譯理解不了醫學專業用語的小插曲，因其無法正確完整地傳達教授的意思，結果由慶北大學教授幫忙翻譯。教授主張，由妻子躺在浴缸的姿勢看來，脖子的出血或許是屍體的斑點，也就是俗稱的屍斑。而死因則應考慮體位性窒息。

我協助李允聖教授徹底檢查過體位性窒息的可能性之後，在庭上加以反駁。國科搜也提交死者頸項筋肉出血的病理檢查報告。這場法庭雙方的唇槍舌戰，從早到晚進行著。法官擔心有所疏漏，遇到任何理解有困難的地方必定打破砂鍋問到底。在漫長的審判之後，波蘭寧教授說出了近似投降的話。

他婉轉表示自己沒看完所有的資料，很難堅持自己的主張。在此之後，判決排除法醫學觀點，改從多方觀點判斷，先生獲有罪判決，又經過複雜的二審和三審，終於以判刑二十年落幕。

沒有抵抗的他殺，沒有理由的自殺

一對人人欣羨的恩愛夫妻合力把寶貝獨生子拉拔長大，夫妻沒大吵過。天性誠實的丈夫在一家小公司工作到退休，用畢生積蓄買下首爾市區一間小坪數公寓。房子雖小，但沒貸款，是兩夫妻努力一輩子的成果，並且手頭還能留下一筆夠用的流通資金。夫妻兩人也做好退休後繼續工作的打算。

看著這樣的父母，兒子有些煩悶、歉疚，想賺大錢孝順父母，讓父母好好休息。不只如此，自己也想擺脫像是天竺鼠不斷在轉輪上奔跑的人生。兒子在一間和父親公司差不多規模的小公司當代理。為了讓創業想法付諸實現，到處賺錢。不過，初期事業發展不順利，短短一年多，不但把父母畢生積蓄買下的房子和手頭積蓄一次賠光，還讓自己和父母身背巨債。

正所謂禍不單行。兒子的事業失敗，一家人從花了一生心血買下的公寓搬到半地下房屋，妻子變得憂鬱，身體狀況急速惡化。人生已經到了最後卻看不見出口，兩夫妻用妻子的名字買了幾份意外險。意外險，顧名思義，是意外事故造成身體傷害時，能獲得保險理賠的一種保險。另外，如果意外身故，就可以獲得巨額身故保險金。夫妻兩人老老實實地付了幾個月的保費。

某一天，在首爾近郊山區靜僻處發現兩夫妻的屍體，距離登山路線有一段距離。案發現場非常奇特，妻子躺在寬敞的草地上，兩手被綁，頸部勒緊致死。而丈夫吊死在不遠處的樹上，並且口袋中留有遺書，請老天原諒罪孽深重的自己。

警方要求解剖屍體。相驗結果指出，丈夫屍體頸部繩痕在頸部後方形成懸垂點，藉此施力吊至上方，是典型的上吊輕生。死因種類研判為自殺。

妻子的情況和丈夫不同之處在於，妻子的頸部平坦無痕，僅有的勒溝則為絞痕。問題是繩痕過於規則。通常若遭他人勒緊頸部，當事人會本能地扭動身體，強烈反抗，造成頸部勒溝不規則狀態，頸項內筋肉也會嚴重出血。可是，妻子的頸部是一條深勒痕，看不出任何抵抗的痕跡，頸內筋肉出血現象也比一般的絞死輕。

另外，妻子的左右手腕各有捆痕，但手腕捆痕隱約有手帕墊底的痕跡。換言之，手帕能讓她被綁緊的手腕不那麼痛。這在相驗報告中極其罕見。總結而言，丈夫的死亡種類是自殺，妻子則是他殺。不過，妻子的死是受囑託殺人的可能性極高。

許多人證明了這對夫妻關係和睦，最近身體狀況變差，才多買幾筆意外險。加上無勒脖時的防禦痕跡，幾乎毫無抵抗跡象，很難排除受囑託殺人的可能性。

不過，丈夫是不是親手了結自己的生命，這一點永遠無法證實。兩夫妻或許覺得用最後的犧牲，帶給心愛的孩子幸福，是為人父母的義務也是責任。

像這樣，法醫無可奈何地須透過屍體，面對自殺事件。自殺雖是私人決定，但也涉及社會脈動，不可能完全與社會無關。

Q&A

問與答

1

從醫學到科學，法醫似乎得有全面的理解。那麼在醫學院法醫學課堂上，會學到哪些科目呢？

在很多情況下，法醫要提供有助執法的醫學和科學知識。因此，法醫必須不斷地全面學習最新醫學與科學。為此，醫學院教授法醫學的教授們會細分專業領域，進行多方面的研究。

首先，法醫學中的法醫病理學，是透過研究解剖的屍體獲得人體組織情報。下面我會介紹幾項最近的研究，以助大家理解什麼是法醫病理學。

不到一歲，看著健康的孩子因嬰兒猝死症（Sudden infant death syndrome, SIDS）突然死亡。雖然家人傷心欲絕，但為了確定孩子的死因，進入相驗程序。

在法醫病理學課堂上，會找出約十三年來國內進行過的嬰兒猝死症剖檢事例，多方分析國內嬰兒猝死症發生的主因。

結果顯示，相較於其他國家，韓國的嬰兒猝死症最常發生在嬰兒熟睡時。此外，韓國國內嬰兒和大人同床睡（bed-sharing）的比例偏高。為確認嬰兒猝死症是否與心律不整等疾病有關，以兩百例為對象採取心臟組織，進行了基因突變試驗。

另外，二〇一八年，為釐清造成三溫暖猝死的危險因素，蒐集了約十年的三溫暖猝死剖檢事例，進行研究；為釐清自殺與酒精的關聯，蒐集了近一年的國內剖檢事例。像這樣，法醫病理學會透過解剖屍體，分析特定死因的危險因素，或者是進行基因突變試驗等等。

另外，法醫遺傳學主要研究辨識個人身分的方法，通常是分析案發現場等地點發現的體液，再與案件相關人士做比對以確認身分。

首爾大學法醫學教授們正在研究新的鑑別方法——僅憑體液，推定年齡、髮色及眼睛顏色等，辨識個人身分。雖說現在有靠體液區別人種的研究成果，但還不能透過基因特性去辨識究竟是韓國人、日本人，或者是中國人等國籍。

特別是首爾大學法醫學研究所的研究團隊正在研究木乃伊。大家有可能以為只有埃及有木乃伊，其實只要屍體處於寒冷及乾燥的環境卻不腐敗，就是木乃伊化。學者們致力於透過偶然發現的棺木中的木乃伊化屍體，研究屍體身分來歷及死亡時間。為其哀悼之餘，不忘研究這具屍體當時是被何種疾病折磨；當時的疾病和現在有什麼不一樣；以及這具屍體究竟是吃了什麼食物才得以存活。

2

剖檢之後製作的鑑定報告書通常包含哪些內容？

剖檢的步驟如下：首先，法醫會先與警方和遺屬面談，初步了解死亡發生情況與初次現場調查結果。若省略此一步驟，有可能會從錯誤的角度進行解剖，得出錯誤的結果。因此，在解剖屍體之前，絕不能少這個步驟。

另外，不只與警方進行面談，法醫同時要看過死亡現場照及初次現場調查記錄。儘管費時多一些，不過只有先掌握死亡現場及現場情況足夠的訊息，才能進入解剖階段。

進入解剖屍體階段的法醫，會用肉眼親自確定屍體的狀態和患病情況。在解剖屍體結束之後，必須製作初次解剖報告書，報告肉眼所得出的個人鑑定意見。縱使是經驗老到的法醫，為正確研判死因，也會追加其他檢驗項目如下：

首先，實施病理檢查。用顯微鏡確認肉眼可見的疾病或損傷部位。法醫多為病理科醫師，是因為相驗也需要透過顯微鏡才能進行。

接著，把解剖屍體獲得的血液和小便等體液，拿去做藥物及酒精檢查；死者的血液或骨骼做基因鑑定。若死者為女性，考慮到性侵可能性，會一併採取生理器官內的體液，進行基因鑑定。

上述提到的所有情報都包含在鑑定報告書中。鑑定報告書會記錄死亡情況與死亡現場的敘述；法醫肉眼相驗屍體所獲得的疾病或損傷的鑑定意見；實際上，以顯微鏡觀察到的細節；血液、小便玻璃狀液內的酒精、藥物、毒品及基因鑑定等的所有鑑定結果。

最後，綜合以上看法，法醫要有邏輯地推導，給出死者的死因。由於要等上述所有的鑑定結束，才能製作鑑定報告，因此一份鑑定報告約需十五至二十日。不過，若是醫療事故則另當別論，因為涉及先進的醫療技術，得先學習才能相驗、鑑定，會耗費更多時間。

3

法醫昆蟲學能靠附於屍體的昆蟲習性，揭露死因。除此之外，還有哪些科學方法能幫助剖檢？

法醫昆蟲學會根據屍體或屍體周遭的昆蟲種類及多寡，推測死者的死亡時間。除了法醫昆蟲學之外，會和剖檢一塊實施的科學方式還有：酒精與藥毒品分析、基因分析、組織病理學及浮游生物分析等等。

首先，酒精與藥毒品分析會利用氣相色譜法─質譜聯用（Gas Chromatography-Mass Spectrometry）與高效液相層析（High Performance Liquid）色譜分析法。這種分析法也會應用在檢驗專業運動選手。

基因分析利用聚合酶連鎖反應（ＰＣＲ，Polymerase Chain Reaction）的機器實施。基因分析過程和一般疾病分析過程相同。

組織病理鑑定使用的方法非常傳統，是用顯微鏡分析採取下來的薄層的身體組織。組織病理鑑定過程就像我們一般去內科照內視鏡後，從醫生口中聽到組織鑑定意見一樣。

還有，在死者是溺死的情況下一定會進行的浮游生物鑑定。浮游生物鑑定是一種約八十年前才確立的方法。煮沸部分的肺部、心臟、腎臟和肝臟，用強鹼和強酸處理後，再用顯微鏡鑑定剩下的矽藻類生物。

另外，電腦斷層掃描（CT，Computed Tomography）和核磁共振成像（MRI，Magnetic Resonance Imaging）是近年來法醫學常使用的最新技術。CT和MRI診斷活人的疾病種類時很簡單，不過應用在剖檢時就得先拍照。

目前韓國只有一台死後CT儀器，放在首爾國科搜。不過，像美國、日本、德國和澳洲等先進國家，在各所大學及各大研究所都已普遍備有此儀器，以利鑑定作業。

第二部

我們為何而死

死亡牽涉到個體權利和社會倫理。再者，在所有人生活的世界上，每一個生命都應被尊重關懷。為了使彼此的死亡都成為與人生美麗的訣別，我們應要有超越個人，努力達到全體社會成員福祉的覺悟。

全世界最熱門的問題：「生命的起始」

從何時起算是人？

想用科學的方式了解生命，就不得不談論生命的起始。其次，人們也得先明白何謂生命。物理學家、化學家和生命科學家等各種領域的學者，對生命有著不同的定義，簡單整理如下：

生命體是個體組織化之後，經過一連串的發展過程，藉由物質代謝與繁殖，傳播自身基因，在適應或反映外部環境的同時，維持恆定性，卻也逐漸進化或變化的存在。

既然如此，究竟從哪個時間點開始會被認定為人？希波克拉底（Hippocratic）誓詞和天主教會主張人的生命始於受精或受胎。受胎指的是受精卵著床於子宮壁。換言之，天主教認為胚胎即生命。廣義來說，胚胎就是人。因此，天主教反對研究幹細胞。生態中心主義者則認為精子和卵子結合的那一刻為人的生命起始。也就是說，受精卵是生命，而胚胎試驗是一種殺害生命的行為。

在此爭議下，日本科學家山中伸

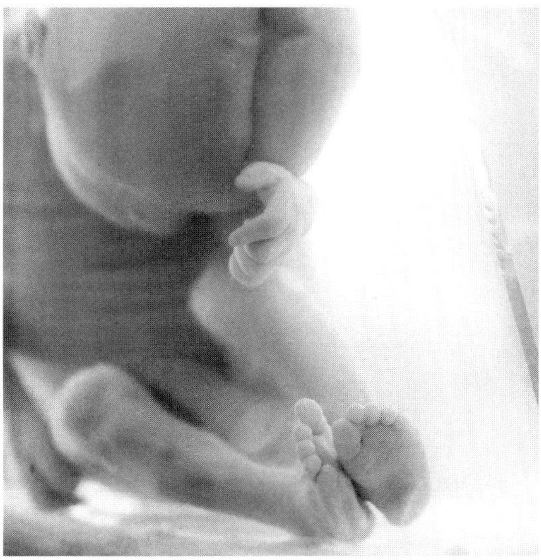

・天主教主張受孕即為生命起始，而法律主張開始陣痛之後的胚胎，是人類生命起始點

彌（Shinya Yamanaka）博士創新了幹細胞研究領域，研究誘導性多能幹細胞（induced pluripotent stem cell）。這個研究解釋起來有些複雜。誘導性多能幹細胞是一種不需精子和卵子，從成體細胞直接分化出來的細胞。山中伸彌博士以此項創新研究，榮獲二〇一二年諾貝爾生理醫學獎。

儘管天主教將胚胎看成是人的生命起始，但法律有著不同的界定方式。法律大致分成民法與刑法，刑法採用的代表學說是陣痛說。刑法作為區別犯罪行為，分類犯罪種類及嚴重性，並加以懲處的法律，其主張孕母開始陣痛的那一刻起，即可認定胚胎為人。

要是胎兒死於發生陣痛之前，就不適用殺人罪，而適用墮胎罪。反之，要是孕母因子宮頸擴張而陣痛，此時如胎兒的頭已露出來，那時如有人加害胎兒，則以殺人罪論。

民法有著不同的見解。民法是讓人負起權利與義務的法律。舉例來說，我要不要讓我的孫子或孩子繼承財產就是由民法決定。民法主張孩子通過子宮頸，露出全部身體才可認定為人。民法和刑法採用不同的學說，如：陣痛說、一部露出說、全部產生說、獨立呼吸說等等。

由上述內容可知，從何時起算是生命起始點是非常棘手的問題。不過，人們得清楚認知生命起始點，才能明確界定死亡。是以，這一類的爭議仍會繼續延燒。

所有生命都是充滿神祕的奇蹟

那麼科學是怎麼看待生命的起始呢？在過去，區分人的生死非常簡單。孩子從母親肚子出來，發出第一聲哭聲的那一刻，就是生；年歲漸長，合上雙眼的那一刻，就是死。區分生死並不難。但是，由於現代人無法明確區分生與死的各自起始點，導致混亂加劇。

從生物學角度來說，人的誕生是一場旅程。女性的生理期結束後約兩週會排卵，男女兩性的結合，會讓男性的精子與女性卵子相遇。在過去的印象裡，此時無數精子中，最有活力、最快達陣的第一名精子才會與卵子結合，實則不然。

精子會組隊移動是人們普遍存在的認知。換句話說，不計其數的精子會被犧牲，只有一顆精子能獲得在女性的輸卵管受精成功的機會，受精成功的精卵大約一週後會朝子宮移動。

受精卵的移動軌跡，讀者們可透過Youtube影片確認。受精成功的精卵約一週後緩緩地往子宮移動，對半分裂成二個、四個、八個……變成受精卵。接下來，受精卵順利於子宮內著床，發育成胚胎。不過這時會有超過一半的胚胎沒能成功著床於子宮壁。所以，懷孕比預期得要難。大部分的胚胎著床子宮壁，會遭遇脫落的危險。懷孕八週是流產的高發期，有很多女性不知道自己懷孕，結果流產。

綜上所述，生命無疑是個奇蹟。生是這麼一回事。我們都是從微乎其微的機率中誕生的生命，是無比神祕的存在。

爭議的中心，「生命的目的」

孕期滿八週，胚胎會延長出將來會變成手和腳的芽體（bud），胚胎從此刻開始稱為胎兒。看過小孩超音波照的人就會理解。圓狀胚胎分裂，開始形成脊椎，而兩側會長出明顯的手腳部位，胚胎就進入胎兒狀態。問題在於這個生命體即胎兒，如因人為因素致死，就會構成墮胎罪。

胚胎形成是一條生命，但不是人。然而，在胎兒是人的命題下，殺死胎兒與殺人同罪。胎兒的生命性也是當年黃禹錫（황우석）博士案件為人爭議的問題。當時，黃博士的研究團隊將健康女性的卵子和精子結合，製造受精卵，抽取幹細胞（stem cell）。不過，為什麼他們要抽取這些幹細胞呢？

有些人肝不好，需要找到合適的肝臟捐贈者。同樣地，心臟或胰臟不好也要有合適的捐贈者。可是，器官來源取得不易。假如能利用幹細胞培養人體器官，再行器官移植，對於需要做移植手術的人來說難道不是件好事嗎？

輕而易舉便能找到適合病人的身體器官，幹細胞的運用無疑是一個奇蹟。因腰傷導致行動不便的人，一旦移植幹細胞，幹細胞就像母親肚子裡的受精卵一樣，具有分化能力，能使脊椎重新生長，帶給病人重新行走的新希望。這正是幹細胞研究的初衷。

然而，前景光明的幹細胞碰上了倫理是非。從女性身體取卵的倫理議題姑且不論，但就胚胎幹細胞算不算是一個生命，便引發大眾爭論。每個人價值觀、立場不同，各有不同結論。但是，單要討論這件事本身就是一大難題。

胚胎幹細胞生命說支持派認為，精子和卵子相結合成受精卵，且分化成胚胎，怎能將其視為可丟進垃圾桶或下水道等地方的消耗品。不過，幹細胞試驗支持派卻認為，幹細胞試驗關乎未來科學發展及人類福祉，是不可避免的。兩派對立，日趨激化。

下面我要聊的內容會有點難。有一種叫做粒線體（mitochondris）的細胞器。粒線體能合成三磷酸腺苷（ATP，Adenosine Tri-Phosphate），提供細胞活動的能源。父親的精子進入母親的卵子，精子斷尾時，尾巴中的粒線體會一併被斷掉。是以，人類的粒線體只遺傳自母親。

粒線體疾病通常是由母親遺傳給下一代。簡言之，雖然生下的女兒沒事，但同一個母親生的兒子，有可能因粒線體突變而使他產生疾病，造成兒子早死。至於粒線體遺傳性疾病有哪些？遺憾的是，實在是種類繁多不及備載。

因此，遺傳性疾病是進行幹細胞研究的另一層考量。學者專家們正致力研究粒線體遺傳性疾病的疾病對策，像是排除母體粒線體、轉移入其他女性的細胞質，僅保留母體細胞核等等。然而，幹細胞研究涉及的倫理議題自由的程度遠遠不夠，即便徹底排除母體細胞質，關於剩下的粒線體，仍舊存在諸多複雜的科學問題。

最近，合成生物和人類胚胎基因編輯等各種生物科學的亮眼發展，進而引起對於生命定義的巨大爭議。像這樣，生命的爭論始終是科學家們爭論不休的問題，也是未來科學發展無法規避的過程。

死亡的科學理解

死亡的變遷史

因應不同的時代和場所，死的型態也會有不同的定義。所以，我認為死亡是構成時代及其宗教文化背景的重要因素之一。

但丁（Dante Alighieri）的《神曲》（*La divina commedia*）重新定義生死，鉅細靡遺地描述人死後前往天國或前往地獄的痛苦。

在西方歷史的發展中，留下世界上最早文字的古代美索不達米亞人，描寫生命終結後，靈魂會去到無情的黑暗地底世界阿拉魯（Arallu）王國；古埃及人從尼羅河之神歐西里斯（Osiris）之死，摸索死的形象，相信死亡會帶來永生，猶如尼羅河的氾濫會帶

・《神曲》中描繪的地獄及通往地獄的階梯

來肥沃的土壤。

另一方面，古希臘羅馬時代的蘇格拉底（Socrates）、柏拉圖（Plato）和愛比克泰德（Epiktētos）論證靈魂不死；伊比鳩魯（Epicurus）和陸克瑞提烏斯（Titus Lucretius Carus）主張靈魂將滅（Mortality of the soul）；斯多葛學派代表哲學家愛比克泰德則信奉有神論（Theism）和禁慾主義（Ascericism），相信靈魂不滅，十分關注道德及理性的議題。

另外，伊比鳩魯學派認為萬物是由原子構成的，擁護原子唯物論與享樂主義。這也是伊比鳩魯學派的創始人伊比鳩魯的根本命題，他認為靈魂將滅，是主張死後無所畏懼的無神論者。《論萬物的本質》（*De Rerum Natura*）的作者陸克瑞提烏斯闡明了伊比鳩魯學派的哲學，宣揚人死魂滅，不必對任何事懷有恐懼。

基督教從古羅馬、中世紀到現代主張的靈魂不滅論遭到嘲笑，大眾開始憂慮死者重回人世，於是在城郊建造墓地，逐漸形成墓祭風俗。古羅馬最早的成文法《十二銅表法》有這樣的內容：

不得在市區內埋葬或焚化屍體。

菲利普・埃里耶斯（Philippe Aries）的作品《死亡的歷史》（*Essais sur l'histoire de la mort en Occident*）和《死亡面前的人》（*L'homme Devant la Mort*）中，根據死者的身分、對待死的態度、來世觀，以及死與惡的關係，按時代替中世紀後的死亡分類。

中世紀初期至全盛期，社會結構逐漸邁入共同體社會，個人成為社會共同體的一份子，不再獨立存在。在宗教的復活觀基礎下，人們舉辦祭拜死亡的祭禮儀式，促成共同體的凝聚集結，阻斷共同體弱化。

但是，中世紀全盛期至文藝復興時代，人權意識提高，大眾不再將個人的死視為共同體一份子的死亡，改由個體的角度看待死亡。宗教順應社會觀點，呼籲共同體意識，改提出人死後會接受審判，為共同體犧牲的個人則得永生。

如上述所說，有許多哲學家和思想家探索死亡的本質，談論靈肉分離、魂魄解體。同時間，西方的基督教和回教用天國和地獄；東方的佛教和印度教用涅槃和輪迴來看待死亡。儘管各方說法不同，卻一致認為跨過了生，會在另一個世界繼續下去。比起死亡等同結束，各種文化圈的人更傾向於，死亡是走向另一個世界的大門。

這種傳統意識流傳至今。最近，韓國突破千萬票房的電影《與神同行》就是描述死後的世界而爆紅。

在文藝復興時期之後，個人終於從共同體中分離出來。大眾對死亡的恐懼逐漸加深，醫學，尤其是解剖學，則顯得更被關注，人們對死亡既好奇又恐懼。十八世紀末葉，浪漫主義風潮席捲，有別於過去對個人之死的哀傷，大眾更關注在愛人的死引發的悲傷情緒。

當然，在浪漫主義盛行之前，人本即有情，只不過在那個年代，情感與藝術相結合，以既存的死亡恐懼及死後將接受審判的觀念為根基，一面回歸到個人的美麗本質與純粹的自然，同時從現實角度描寫地獄面貌。特別的是，當時也因科學的發達，以致自然神論逐漸取代死亡觀及傳統神學觀。

現代社會科學和資本主義的發展，死亡變成醫學所關注的對象。名為醫生的新司祭，帶來了能決定人的最後一刻的科學時代。此外，同時代還有否認神的存在與倡導存在主義者，死後將接受神的審判的新的恐懼，以及享樂主義等各種觀點相互激盪的複雜局面。

無論大眾對死亡懷抱著何種想像，這個時代的死亡會呈現出這個時代獨有的面貌。

而如何準確鑑別出其獨有的社會風氣下的面貌，也是法醫的日常。

死亡的科學意義

雖說死是生的相反詞，卻很難說明實際情況或加以舉證。縱使各大宗教或哲學觀點承認靈魂的存在，或藉由肉體和靈魂的離合來詮釋生死。但由於客觀舉證困難，致使熟悉假說與驗證的科學家們有時會產生理解的混亂。

總而言之，我們只知道死不是生，卻證明不了死的實質。以科學觀點來說，包含人類在內，生命體內活細胞的總合才是生的證明，以此類推，死也要經過某些認定標準，才能得出死的證明。死指的是某個瞬間發生的事，是大家習以為常的認知。實際上，將死理解成某一個期間會更恰當。只不過顧及社會及法律認定方便，我們才會將死解釋成「某天某時某分」某個瞬間發生的事。

我們的身體會因應內外在因素，運作應對機制，維持身體動態平衡。可是，假使身體因為某個內外在因素，喪失了維持恆常性的能力，打破動態平衡，生命活動完全靜止，導致不可逆的變化。換言之，身體對刺激的反應或運動弱化，結果代謝機能幾乎停止。這正是個體暫時停止生命反應（permanent cessation of vital reactions of individual）的科學解釋。

法醫對死亡過程做出階段區分：細胞死、器官死、個體死，及法律上的死亡宣告。各階段的定義如下：

人體約有四百兆個「細胞」，為執行特殊的機能與特性，會經過多樣分化的過程。細胞可分成細胞核和細胞質。而細胞核中有核小體、細胞質中有粒線體和其他胞器。儘管每個胞器都保有細胞的原有機能，但視為具有生命現象。不過胞器是構成人體的單位，亦是生命的基本單位。

細胞分化後，具有相同機能的細胞不會獨立存在，會依循一定規則聚集，形成「組織」；數個組織聚集在一起，就會形成我們稱為肝臟、心臟、肺、腎臟和胃等器官。各器官有其特別型態及特定機能。

接下來，數個相近機能的器官聚集，相生相依，就會形成「系統」。各系統又會依循一定規則，組合成一個獨特的個體。

當個體面臨死亡時，生命機能會最先開始衰弱，呈假死狀態，很難發現生命徵象。接著，人體主要器官，諸如循環系統、呼吸系統、中樞神經系統的心臟、肺部、腦，尤其是腦幹，依序進入人體機能停擺的不可逆狀態，個體生命活動永久性終止，稱為器官死。

器官死可分為心跳脈搏停止的心臟死；呼吸先停止的肺死；大腦，尤其是腦幹機能停止的腦死。其中，人們時常掛在嘴上的「心臟停止」和「呼吸停止」等，說的就是心臟死與肺死。

在器官死之後，接著是細胞死。即便心臟停止跳動，細胞也不會馬上死亡。這也是為什麼人死後還能進行角膜等器官移植。醫生對臨床死亡的判定，通常是以下情形：

- 呼吸系統機能停止
——自發性呼吸運動停止
- 循環系統機能停止
——所有動脈感知不到脈搏

——心臟脈搏與心跳聲停止

——檢測不到血壓，人工方式也無法維持血壓

• 中樞神經系統機能停止

——失去意識，喪失對外界的刺激反應

——瞳孔放大，角膜反射或瞳孔反射等反應消失

一旦器官機能不可逆地停止，個體的生命活動也會隨之終止，就是個體死，也就是人們通常認知的個人的死亡，以及法律與社會所稱的死亡。

在獲得死亡宣告之後，我們得去洞事務所（注：「洞」為韓國行政區域機關之一）或地方自治團體，提交死亡證明書或相驗證明書，聲請死者死亡，即成為喪失作為權利義務之主體。接下來，死亡證明書或相驗證明書會被送至大法院和統計廳，由大法院整理戶籍關係，統計廳則把死因作為社會措施的基本資料參考使用。換言之，假如統計廳蒐集人們死因的第一名是癌症，那麼政府會將預防癌症及癌症治療等，編列於國家預算項目。

假如調查結果顯示死因第一名不是癌症，而是心臟病，那麼心臟病預防會編列為國家預算最大支出；假如自殺問題嚴重，會把能預防自殺的推動社會安全網經費編列於國家預算中。如此，死因資料成為國家有限稅金運用的基本依據。

死亡的多樣化原因和型態

如前所述，法醫學負責判斷死因與死亡種類，特別是法醫病理學。死因指的是「造成人死的疾病、病理狀態及損傷」。簡單來說，就是什麼樣的疾病或損傷引發一連串的狀態而導致死亡。一九七七年，世界衛生組織（ＷＨＯ）把會致死或是具有死亡威脅的疾病、病理狀態和損傷，以及造成傷害的事故或暴力行為，定義為人類可能的死因。

死因的概念並不籠統抽象，反而是一種涉及生物學及醫學的具體概念。在進行醫學探究之後才能做出妥當的科學決定。尤其是法醫學判斷出的死因，會涉及法律責任義務和責任的輕重緩急，占有舉足輕重的地位。有些屍身會因疾病因素致死，但是，如果屍身有多重損傷，則判定時應考慮死因的優先、共同、競爭與共存因素，茲分述如下：

・優先因素

假設某具屍體有著許多致命損傷，也有疾病體徵，這些狀態嚴重到足以損害機能，造成器質性損傷、疾病，或其他損傷疾病時，法醫就得釐清何者為致命死因。通常危及大腦、心臟及肺等維持生命的重要器官的致命傷，會優先列入死因鏈的先行原因。

不過，要排出多個重大傷病的死因鏈並不簡單，也不用為了理順死因鏈，強迫找出唯一原因，開具相驗報告時，可直接記錄多重原因也沒關係。比如說，寫上「多重器官衰竭」之類的合併症即可。

・共同因素

有時候，單一疾病或傷害無法構成原因，死者是因為兩種以上的疾病或傷害相互作用而死。比如說，死者同時被切斷了多條動脈，失血過多而死，則原因會寫成「因ＯＯ動脈、△△動脈和ＸＸ動脈斷裂失血致死。」

假如引起死亡之疾病或傷害由同一個原因引起，則要寫出先行原因。比方說，車禍時，胸部遭汽車輾壓，大腦與心臟都受到嚴重損傷。這時候，比起煩惱大腦和心臟何者更致命，更重要的是，相驗報告上不能遺漏「行人交通事故」與「輾壓損傷」。

‧競爭與共存因素

假如屍體的頭部與心臟有貫通性槍傷，無論是誰受到這種傷都必死無疑。可是，這種情況下，法醫往往很難決定死亡鏈順序。當個體有多重致命疾病或傷害，難以研判單一原因時，就稱為競爭與共存死因。

嚴格來說，就算同時存在多重致命疾病或傷害，還是會有一個疾病或傷害是死亡鏈的第一順位，這世界上沒有所謂的競爭死因。然而，在法醫觀察判定原因的過程中，因為死因之間的競存關係，會讓法醫很難判斷死因鏈之中的優先順序。

無論如何，法醫研判是死因競爭與共存時，意味著死者的死並不單純，需要各領域的醫學專家詳盡研究過後，才能鑑定判斷出最終死因。

如果死者死於疾病，那麼醫學判斷的死亡種類就會成為法律上死亡之認定。要知道，法醫學判定的是死亡種類，而不是死者臨終前遭遇的真實情形。醫學只不過針對死亡情形提出綜合鑑定意見罷了。

所以說，法醫會決定死亡種類，但如果之後獲得新的死亡相關情報，死亡種類還是有被修正的空間。雖說死亡種類是由法律進行最終認定，但法醫提供最新的鑑定意見也是很重要的事。法醫的鑑定意見，在調查方面，能協助警方調查；在行政方面，能幫助做成死因統計紀錄。死亡種類如前所述，大致分為病死、外因死（自殺、他殺和意外死），以及死因不詳。

•自然死或病死

對一般人的認知來說，隨著年紀的增長，人體各種器官退化所引起的死亡就是自然死，其實不然。法律認定的自然死就是病死，所有因內因性疾病導致的死亡都含括在內，不包括外在傷病引發的損傷，也與年齡無關。

但不是所有病死的直接死因都是疾病。舉例來說，由於身心因素，當高血壓患者被施暴，血壓突然飆高，腦血管破裂，結果死於腦出血。這時候，直接死因可能是腦出血或者是暴行。因此，死因會是施暴致死的他殺。從這個例子我們可以理解，自然死之定義是單純因疾病引起，不涉及其他因素的死亡。

除一般的疾病外，自然死還包括後天環境因素，像是習慣性酗酒，或是長期生活在會吸入煤炭粉的地方等等。倘若致病源是短期環境使然，而非微生物感染，死亡種類則是外因死。酒精性肝病、肺塵病、間皮瘤和結核等疾病是自然死；被蛇咬傷，因蛇毒而死是外因死，同時也是事故死。

不過，有時法醫很難分辨急性酒精中毒的準確死因。通常聽到酒精中毒患者，人們的第一直覺會認為是急性酒精中毒造成的慢性疾病，理應屬於病死。但是，要注意的是，同樣是酒精中毒，喝酒過量而致死是事故死；如果是疾病發作經過外因而死亡，則是病死。

舉例來說，死者因癲癇發作而在浴缸中溺死。如果癲癇沒發作，就絕無在浴缸溺死之理。在此，會認為死亡種類是外因死。但進一步深究，會發現引起溺死之先行原因是癲癇發作，因此，死亡種類應是病死。

・外因死

按照死者與行為者的關係，外因死可分為自殺、他殺和事故死，而無法釐清的就是死因不詳，又稱橫死。雖然法律上認定的橫死與外因死的意思相近，不過，天災或出自個人之單純過失所導致的外因死中，和犯罪無關的死亡，則不屬於橫死。

此外，倘若不能確定死者是自然死或外因死，則自動分類成外因死。簡言之，橫死多半和醫學無關，和犯罪有關，是需要深入調查的死亡種類。

・自殺

因死者自身極端、消極的行為而導致的死亡。自殺的構成要件是，死者清楚死亡的意義，也知道該行為會結束自己的生命，仍試圖達成目的。自殺本身無罪，但不當干預自殺是犯罪。即便自殺能以自由心證認定之，但仍要有醫學鑑定依據，否則就記載為死因不詳。

・他殺

因他者的行為導致有人因此亡故的殺人行為與致死行為，比如說施暴致死。他殺與自殺的差異在於，無論行為者有無主觀「殺人故意」，皆列入他殺。若有故意殺人事實會構成殺人罪。根據犯罪者事前預謀計畫的有無、惡意及故意，他殺又分為謀殺和過失致死。可是，他殺也有例外。在法律許可的情況下，死刑執行人或戰場殺敵的士兵等，是「死亡正當化」行為，得「免除殺人」。

法律制度當中，他殺之相關罪名有：普通殺人罪、殺害尊親屬罪、殺嬰罪、受囑託殺人罪、加工自殺罪、謀殺等，以及納入傷害與施暴罪範疇的傷害致死罪與施暴致死罪。另外，還有過失致死罪、業務過失致死罪和遺棄致死罪等等。

一般會把行人過馬路發生事故不幸死亡，當作事故死。但也有人主張這是因他人行為導致的死亡，應分類成他殺。在世界衛生組織的死因分類表與死亡原因統計中，將此類死亡認定成事故死。法律會考慮駕駛人的狀況，若被害者無故穿越高速公路，駕駛人以無罪論；若駕駛人故意加害，則以殺人罪及過失致死罪論。

・事故死

非出自任何人之故意所造成的死亡。比如，自身的過失、遭逢致命天災、職業災害罪、產業災害罪、運動比賽中的死亡事故、兒童事故和醫療事故等等。

・死因不詳

無法判定是自殺、他殺和事故死時，會歸類為死因不詳。

從上舉數例可看出，很多情況下，即便發現死因，仍然有很多光憑法醫學鑑定意見也歸類不了的死亡。這也是死亡種類最終決定權交給法律的原因。醫學鑑定出的死因，會根據不同的情形，被歸類為其他的死亡種類。

舉例來說，被打撈出的屍體，從醫學或科學的角度判斷的死因是溺死，但假若是死者自己跳下去，就是自殺；假若是死者喝醉游泳溺死，就是事故死；假若是有人強迫死者溺水而導致死亡，就是他殺；假若是游泳到一半，突然心肌梗塞或是從高處墜落身亡都是橫死。

像這樣，在決定死因和死亡種類的過程中，需進行多方面的周全考慮，實在不是一件簡單的事。

「死亡的時間點」，腦死的相關爭論

就像前面所說的，最能清楚界定的臨床死亡就是器官死。因此，定義死亡的第一個學說，就是如果一個人的心臟和肺部的機能停止，那麼就能確認死亡的「心肺機能終止說」。至二十世紀中期為止，以心臟死亡和肺部機能終止作為個體死亡基準，大致上是沒有問題的。

為了確認一個人的死亡，我們會用耳朵傾聽其胸部與呼吸的動靜。假若他停止了呼吸和心跳，就能確認死亡。而人們慣用「停止呼吸」表達死亡。由此可知，呼吸和心臟在界定生死的過程中扮演了重要的角色。

但是，引發人們爭議的「腦死說」在某個瞬間登場。大腦是我們身體最重要的基本器官，平均一‧五公斤重，其堅硬程度想成是黃豆做成的豆腐就行了。實際上，顱骨內充滿了腦脊髓液，相當脆弱，所以，神經外科醫生動腦部手術時總是兢兢業業。脆弱的大腦容易受損，且大腦就像心臟和肺，一旦受損就會直接導致死亡。

有史以來第一次發生的大腦爭議是在一九六七年，南非共和國克里斯蒂安‧尼斯林‧巴納德（Christiaan Neethling Barnard）博士成功實施世界首例人類心臟移植手術之後。從那時起，人們對於腦死是否為個體死亡的認定標準一直存有爭議。之後，英國以「腦死」定義死亡，美國和德國分別在一九八一年與一九八二年跟上英國的腳步。一九九二年日本將腦死認定成醫學、法律及社會上的死亡。

在一九九〇年代後半期，韓國的電視節目《百分討論》中曾經數次爭論腦死是否等於死亡。因為這關係到能不能打開日後器官移植領域的大門，也成為人們熱門討論、關注的議題。

隨著醫學的進步，腦死患者依然能維持呼吸與心臟脈搏跳動。而何時該除去人工呼吸器之類的生命維持器；能不能把腦死且沒痊癒可能的患者身上的活著的器官移植，利用在疾病治療，或恢復健康上等，都是相當重要的議題。

美國之所以會引發腦死爭議，是因為在美國要支付天價的醫療費。韓國相對於美國有著較健全的醫療健康保險系統。我過去在美國當過兩年的公務員。那時，我在美國健康福祉部服務，一年只需支付十美元，就能自動加入含括了大腦手術的保險項目。但是，一般人想擁有跟我一樣的保健福祉，一年得付三萬美元，也就是三千萬韓元以上。當我知道這件事，我非常驚訝，原來美國如此優待公務員。

由於美國昂貴的醫療費，待在加護病房的重症患者也難以支應昂貴的醫療費用。所以，美國的腦死爭議比其他國家更早浮上檯面。

回溯韓國，韓國一直到一九九〇年代後期才正式關注腦死說。峨山醫院李承圭（音譯，이승규）教授的肝移植手術擔任了催化劑的角色。李承圭教授於一九九七年進行的肝移植手術，是繼日本京都大學醫院之後的史上第二起成功手術案例。而後，肝移植手術的高度發展，也引發腦死者的肝移植治療行為的問題。

不過當時，韓國還沒有腦死說的爭議，更別說相關法律。因此，檢方得以拘押醫生，指控醫生擅自對心臟還在跳動的人剖腹取肝，造成死亡。但換個角度想，如果過去沒發生過這些事件，法律就追不上科學的步伐。

所以，一九九〇年代後期的肝移植手術引發熱烈討論。那時，律師、醫師、宗教人士和倫理學者等各領域人士激烈角力，其中以宗教人士的反彈聲浪最大，杯葛抵制，主張一個人的心臟還在跳動就是活著，不能認定腦死等於死亡。

最後，歷經眾多爭論之後，一九九九年二月八日，韓國制定《器官移植法》，於二〇〇〇年二月九日開始施行。如今，再也沒有人反對腦死說。收到腦死宣告時，每個人理所當然地認為那個人已經死了。死亡的時間點和過去的認定不一樣了。現代醫學的發達，導入了死亡判斷領域中名為腦死的新概念。在腦死爭議之後，安樂死等議題又成為新興話題。

準備和這個世界美麗地道別

有名的拳擊選手崔堯三（최요삼）無庸置疑地活在許多人的心中。然而，他在二〇〇八年因被對手右手重擊下巴而導致腦出血，倒在場邊，送醫急救後，被醫生宣布腦死。

當時牙山醫院以勸導說服的方式，告訴崔堯三選手的遺屬，因腦死已無治癒可能，把現在跳動的心臟與健康的身體器官，捐贈給其他正在等待新生命的人怎麼樣？

當然一開始遺屬持反對態度：「我兒子還活著。心臟不是還在跳嗎？」後來經過醫生慢慢地說服，崔堯三的遺屬才點頭同意捐贈器官。這是一項崇高的決定。

但是，崔堯三選手的母親要求醫生把法定的死亡宣告時間記載為一月三日零點一分。因為一月三日是崔堯三選手父親的忌日，崔堯三的母親想一起祭拜丈夫和兒子。關於死亡宣告，全世界，不只是韓國，負責宣告死亡的人就是醫生，只有醫生能最準確判定一個人在幾點幾分死去。

我在撰寫死亡鑑定書與相驗報告時，也會問遺屬希望的忌日日期。因為如果死者在凌晨十二點前後死亡時，死亡宣告日期是可以按遺屬的意願稍作調整的。當時崔堯三選手的醫生算好時間，摘下崔堯三選手的呼吸器，宣布死亡。共有六名患者受惠於崔堯三選手捐出的健康器官。

在這崇高的美談中，我們應注意的事實是，醫生等到了一月三日零點一分才宣布死亡。其實，如果醫生拿定主意，大可更晚再摘下呼吸器，這樣一來，崔堯三選手的死亡日期就不會是一月三日。畢竟腦死患者的心臟不受腦死的影響，能繼續跳動。不過那都是過去的事了，現在不會再發生這種事。

今時今日，人人都能接受腦死，認可腦死是自然死亡。人們對於死亡進一步的新爭論是生命自主權。比方說，加工自殺和加工死亡等等。訴諸人是否應擁有死亡自主權的爭議，逐漸浮上檯面。

像這樣，討論死亡的議題眾多。在這種情況下，我們究竟能不能美麗地與死亡道別？知道是離別時，瀟灑轉身道別離，說起來像一首美麗的詩，但說到底，最重要的難道不是我們要學會預期死亡的到來，提前準備好離別嗎？

我記得在我上小學的時候，接到了奶奶的病危通知。我從慶尚南道陜川搭了十三小時的車，轉乘好幾次公車去探望接受胃癌治療的奶奶。我一到，奶奶馬上握緊我的手，叮嚀我：「你要用功念書。」隔天，奶奶便撒手人寰。因為我父親是奶奶的小兒子，所以我和奶奶的年紀差距相當大。

當時，我們家族親戚齊聚一堂，問起大伯父是怎麼察覺奶奶要走了？大伯說醫生有說過奶奶時日不多。於是，當大伯發現奶奶情況不好，時候到了，便馬上通知所有的家人。幸虧如此，奶奶還來得及對最小的孫子留下要用功念書等，這種充滿韓國人風格的遺言，才與世長辭。

但現在，很少有臨終者能在全家人陪同下安詳離世。人們沒有充足的時間，做好和這個世界美麗道別的準備。臨終施救的醫療行為變成了現代社會的死亡潮流，死亡稱不上安詳，更像是一場懲罰。關於這一點，我深感鬱悶。我衷心希望大家能在這股潮流中逆流而行，積極面對死亡，而不是束手無策地被動等待死亡的到來。

「死的權利」和「生的義務」

陌生的死亡經驗

「死的權利」是現今社會主要關心的死亡議題。針對個人能不能全權為自己的生命負責，出現許多解釋。

人人都去過加護病房，在那邊會看到好幾名身上插滿管線的患者。光是一瞥就足以看見好幾種不同的導管。首先，為了昏迷狀態的患者進食而留置的鼻胃管；扎在全身血管，將抗生素等藥物打入患者體內的點滴管；心臟病患者身上會有類似透析治療使用的淨化血液裝置；氣切患者身上會留置呼吸器。除此之外，還有導尿管、人工肛門等等。

當我們親眼目睹重症患者身上那些數不完的管子，實難不動惻隱之心。

那麼監護人又是以什麼心情看著患者？舉例來說，父母昏迷住院，家人的反應往往千篇一律。如果是和樂的家庭，他們會說「我們爸媽辛辛苦苦大半輩子，不能就這樣走了。請一定要救救他們。」醫生全力以赴是理所當然的事。可是，如果監護人看到躺在加護病房，全身管線交錯，面臨生死交關的昏迷患者，大概腦海會塞滿各式各樣的念頭吧。

在那些念頭中，最折磨監護人的就是面對深愛的患者卻不知所措的愧疚感，「這真的是爸媽所希望人生的最後時刻嗎？」實際上，有這種念頭的人不在少數，他們會猶豫是不是該終止無意義的治療。

延命醫療是在討論生命自主權上極關鍵的問題。其實不只韓國，大部分的東方國家，臨終決定權不在病人的控制中。比起病人主導治療內容和接受治療的場所，不得不遵從家人等監護人的決定，這種情況更常見。

最近，我朋友的弟弟得了嚴重的癌症。雖然朋友千叮嚀萬交代我不要讓當事人知道罹癌事實。可是即使我不說，弟弟還是得住進中央內科，絕不可能被蒙在鼓裡。於是，朋友改口讓我別告訴弟弟他罹患的是惡性癌症，家裡人會視情況坦白。家人經常擔心患者受到打擊而善意隱瞞病情。

但是，個性比較主導的患者會表示，不管多嚴重都沒關係，希望如實告知病情。這樣一來，會使醫生陷入兩難。醫生必須謹慎判斷，確定告知病情會不會嚴重影響到患者心理。乍看之下，身為醫生理應誠實告知，其實不然。實際上，訂定醫師倫理規範時也必須十分謹慎。若醫生判斷患者可接受真相，就會如實以告，但如果不是，就會延後告知。

但有一種情形是，患者要求如實告知病情後來卻深陷昏迷，也沒能知道病情，行使醫療決定權。更糟的是，醫生必須導入延命醫療，這時候，決定是否施以延命醫療的責任落到家人身上。結果，違背患者意願，採用醫院的葬儀流程。

直到一九七〇年代後期，在家裡逝世，於家中舉辦喪禮告別式的比例的人，仍高達30—40%。如今，人們普遍在醫院度過臨終時刻。為何會出現這種變化？

原因眾多。首先，因為人們本能抗拒死亡，下意識地把死從日常生活裡區隔開來。人們將死亡第三者化，在醫院過世，讓生與死維持一定的距離，進而多保障一些生之安全空間。加上，資本主義的發展，醫院是臨終時最符合經濟效益的合理選擇，因此臨終場所逐漸被醫院和殯儀館取代。

現代之死被第三者化，人固有一死，死卻得不到應有的尊重，被淹沒在體制之內，問題千頭萬緒。有鑑於韓國社會現況，以下我會介紹幾個經典案例。

向醫生問責死亡

一九九七年，韓國社會發生一起有名的「波拉梅醫院事件」。一名酒醉男性摔傷頭部送到了波拉梅醫院。男性有很嚴重的腦出血，醫生當機立斷進行手術，所幸手術相當成功。醫生認為不可避免地會有些後遺症，但患者有望完全康復。聽說丈夫摔傷的消息，妻子匆忙趕至醫院，第一個擔心的居然是醫療費用。

原來，丈夫事業失敗，家庭經濟拮据，連帶夫妻關係惡化。妻子執意帶丈夫出院回家。假如夫妻恩愛和諧，哪怕手頭有困難，也會支撐丈夫的醫療費。但妻子這時候滿口說經濟承擔不起，堅持要出院。

由於動完大腦手術的患者得繼續接受醫學上的照顧，要留置人工呼吸器，打抗生素治療等，接受多種必要的療程，因此醫生強烈反對出院。可是到頭來仍違背不了家屬的意願。

最後，主治教授和住院醫生一起簽立出院文件，由實習醫生一面擠壓氧氣囊（ambu），一面將患者送回家。然而，安全到家的患者，一摘除人工呼吸器就立即死亡了。這時，妻子卻報警，大概是誤會國家有外因死補助。

警察到來，聽說死者是剛動完大腦手術就回家的患者，直覺事情不尋常。因此，警方委託檢方調查。果不其然，檢方調查出有問題。於是，檢方傳喚執刀醫生，細問患者的病情、手術後馬上出院有沒有經過醫生同意等事件原委。

神經外科執刀醫生惋惜表示，手術十分順利，是有機會活下來的患者。在家屬的要求下，不得已同意出院回家，自己也深感遺憾。

而後，檢方用出院文件上的簽名，以不作為殺人罪名起訴一干人等，包括醫生、患者太太、一起簽名的住院醫師，以及擠壓氣氣囊的實習醫師。結果，除了按命令辦事的實習醫師無罪，醫師和住院醫師上訴二審，但仍被論處幫助殺人罪。

這起案件在醫生之間掀起波瀾，給了大家啟示：無論監護人如何要求，有可能犧牲的患者絕對不能同意出院。萬一同意出院，醫生就得面臨被以殺人罪論處、法庭來回奔波等各種狀況。自此以後，醫生對監護人傾向強調：「在醫院過世比較好。」「如果進行延命醫療，患者有生存的希望。」

延命醫療，掀起的生命倫理爭議

二〇〇八年，Severance醫院一位奶奶接受一般的支氣管內視鏡檢查時，傷到血管，造成大腦損傷，不幸變成植物人。

起初家人悉心照料，隨著時間過去，家人不由得思索這真的是奶奶期望的人生最後一程嗎？因此，家人打算接奶奶居家照護，想申請出院，但被醫院拒絕。

醫生表示：「這位患者不是腦死。她是一個活著的人，雖然很難說還要治療多久，但是，我們絕對不會同意讓活著的病人出院。」不用說也知道，院方的決定是受到「波拉梅醫院事件」影響，加上Severance醫院是基督教醫院，會以更嚴格的角度看待生命倫理的價值。

結果，奶奶的家人請求律師援助，提起了上訴，令大法院陷入進退維谷的境地。官司就這樣打了一年六個月，最終大法院法官判決奶奶的狀態無復原跡象，處於死亡階段，對其施行無意義的延命醫療，是侵害人類的尊嚴和價值。延命醫療也讓法官心裡不舒服。究竟在患者身上留置鼻胃管、導尿管等無數的管子和具有毒性的抗生素等無謂的延命醫療有何意義。

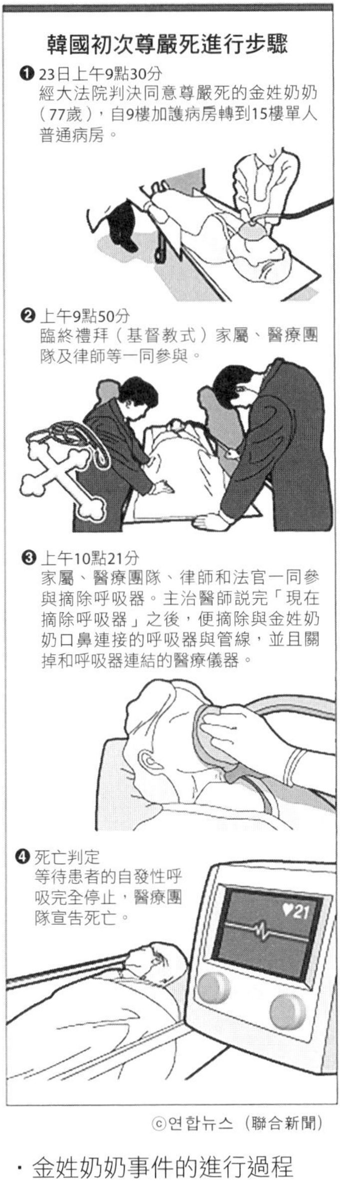

ⓒ연합뉴스（聯合新聞）

・金姓奶奶事件的進行過程

舉例來說，人在呼吸的時候，肋骨之間的肌肉會收縮，橫膈會下降，胸腔擴大。但是，在身體放置人工呼吸器，胸腔就不再是自然擴張，而是人工擴張。原本肺不會感到異樣，但是，長時間持續且反覆地使用呼吸器，身體會感到不適是必然的。

因此，延命醫療被視為傷害人類尊嚴與價值的行為。

金奶奶的案件雖然落幕，但人們展開了對延命醫療的各種討論。比方說，法院針對醫師協會中斷延命醫療以及延命醫療的必要性，是否應有相應方針；專科醫師是否該組成團體，加緊規畫推動延命醫療法制化的新方案等等。

正因如此，當時我和大韓醫師協會的醫師團隊為制定延命醫療終止的方針，一起參加TF組。經過漫長的修正及討論，延命醫療終止方案送交國家生命倫理審查委員會，並且順利通過法制化。從此以後，延命醫療不再是強制性，而是具有選擇性。

樞機主教的死亡不是尊嚴死，是「善終」

二〇〇九年二月十六日，正值「Severance醫院金奶奶事件」訴訟期間，傳出金壽煥樞機主教過世的消息。死因是肺炎。金壽煥樞機主教住進加圖立醫院之後，臨終前交代捨棄延命醫療。他告訴醫生：「我不怕死。我已準備好去見神，和神見面，我唯有欣喜，所以，哪怕我昏迷，也不要替我做心肺復甦術。」

但是實際上，金壽煥樞機主教因肺炎呼吸停止的那一瞬間，加圖立醫院的醫生還是反射性地施行心肺復甦術。患者停止呼吸的瞬間，為救活患者，醫生會本能地施行心肺復甦。就這樣，醫生千辛萬苦地救回了金壽煥樞機主教。他卻說：「謝謝。但是我說過，現在不救我也沒關係，我已準備走向神。」

儘管治療繼續進行，但主教的呼吸和脈搏再次停止，醫生陷入混亂，連忙詢問其他司祭的意見。司祭作主放棄延命醫療說：「我會負責。可以不用再救主教了。」金壽煥樞機主教就這樣與世長辭。金壽煥樞機主教是取得了當事人生前的同意才作效，實際上，如果延命醫療僅來自熟人朋友代以決定，是非法的。

當時媒體大肆報導：「金奶奶事件帶來輿論討論熱度之餘，金壽煥樞機主教選擇了尊嚴死。」「尊嚴死」一詞，遭到天主教教會嚴重反駁。究竟為什麼患者選擇尊嚴死，會是個問題？

一九九七年，美國奧立岡州通過了「尊嚴死亡法」（The death with dignity act），儘管官方用語是「尊嚴死」，實際上可說是第一個合法同意患有不可治癒疾病的患者自殺的法律。

尊嚴死與天主教教會的教理背道而馳。因為假使容忍金壽煥樞機主教死於尊嚴死的言論，那麼大眾會認為金壽煥樞機主教是選擇自殺。天主教教會要求立刻刪除報導中所有的尊嚴死字眼。

受到要求後，大眾媒體把「尊嚴死」字眼全改成「善終」。善終的意思就是好的結果。天主教教會至今仍堅信死亡不是一種選項。

安樂死，按下死亡的開關

圍繞著安樂死的爭議大致有三。第一、終止延命醫療。全世界大部分的國家都已經允許終止延命醫療，韓國在二〇一六年通過善終法之後，二〇一七年和二〇一八年分別實施臨終關懷與延命醫療相關法案。如果沒有「Severance醫院金奶奶事件」，我國極可能到現在都還沒通過該法案。由於文化習俗，我國比台灣和日本分別晚了十年與十五年才有此法制化。

而美國對於此類的爭論又比韓國早了四十年。一九七五年，美國紐澤西州的一場生日派對上，二十一歲的凱倫・昆蘭（Karen Quinlan）服用藥物和酒精後，變成植物人。含辛茹苦養大凱倫・昆蘭的養父母，和天主教司祭商量過後，請醫院摘除呼吸器，終止延命醫療。請求移除活生生的人的呼吸器一事成為焦點話題。

一九七六年，昆蘭好友出面作證，表示過去電視劇中出現植物人畫面的時候，昆蘭說過：「我不想活成那種樣子。」於是，紐澤西州大法院做出摘除人工呼吸器的判決。這個判決是賦予不施行無保障的治療的憲法權利，而不是死的權利。

一九八一年，二十四歲的南西・庫珊（Nancy Cruzan）因為車禍變成植物人。庫珊雖然能呼吸，卻處於昏迷狀態，須採取鼻胃管——又名鼻管的延命措施維生。醫療費由密蘇里州全額補助。七年後，也就是一九八八年，庫珊家人提起訴訟，要求摘除鼻胃管。摘除鼻胃管等於餓死患者，和摘除人工呼吸器又有著不同層面的意義。美國本土輿論再次鬧得沸沸揚揚。

一九九〇年，根據南西・庫珊的朋友證詞，美國聯邦大法院判定庫珊無意願以植物人狀態活著。這起判決意味著患者有權拒絕治療，行使死亡自主權，清楚揭示人工呼吸器和鼻胃管沒有不同。大家可能以為認可死亡自主權是很稀鬆平常的事。無論如何，美國憲法賦予患者拒絕治療權之權利。

準確來說，根據美國聯邦憲法第十四條關於正當法律程序所做出的明確規定「拒絕治療權」（Right not to be kept alive by unwanted medical procedures），內容如下：

A competent person has a liberty interest under the Due Process Clause in refusing unwanted medical treatment.

聯邦憲法正當法律程序保障具有判斷能力的人的拒絕治療權。

不過，拒絕治療權不包括死亡自主權，與醫師協助自殺或醫師協助死亡有著不同的意義，因此，這成了第二次的爭議主軸。目前不少國家已經通過醫師協助自殺合法化。最早容許醫生協助自殺的國家有瑞士、比利時、荷蘭和盧森堡。當然，後續衍生不少問題，但是這些國家並沒有撤回醫生協助自殺合法化。有些中東超級富豪和德國、日本的有錢人會和家人一塊參加瑞士的自殺旅行，一面眺望少女峰，一面整理人生最後一程。

醫生協助自殺需要嚴密的審核程序。精神科醫師必須先確定患者是否患有憂鬱症，並且在一個月的緩衝期內，患者不能兩次更改求死意願。直到確定以上程序都沒問題後，才輪到醫院安裝器材。最後，患者依本人意願，親自按下死亡的開關，不能假手他人。

奧勒岡州和華盛頓州算是美國比較先進的州，兩州均通過醫師協助自殺法案；醫師協助自殺法案儘管進入了馬里蘭州眾議院卻遭到壓倒性否決；華盛頓州醫師協助自殺法案通過，可是因為醫師們的嚴重反對，從未實際施行過；加州暫時通過法案後，又再撤回；夏威夷州之後也於二〇一九年合法化醫師協助自殺法案，不過，是否會實際施行，有待觀察。此外，英國一名患有腦腫瘤的市民運動家，強烈要求醫師協助自殺合法化，但是英國下議院以壓倒性的反對票數，否決了法案。

世界各地不同的價值觀，使人們對醫師協助自殺的接受度不高。目前為止，只有瑞士、比荷盧聯盟及美國奧勒岡州、華盛頓州等八個州、澳洲的維多利亞省三州，通過醫師協助自殺合法化。

最後一項安樂死議題是積極安樂死。積極安樂死的意思是由醫師採取積極行為加速患者死亡。假如我是行動不便的肌肉萎縮症患者，就連按下自殺按鈕都有困難，我能要求我的主治醫師替我注射藥劑，提早結束我的生命。

積極安樂死的要件非常嚴格，須符合以下條件：需要三名醫生確診該患者的狀況沒有改善的希望；患者沒有治癒的希望，且時日無多；患者在三十天內，間隔十五日連續兩次表達一貫堅持服藥的意願，哪怕有一次改口反覆，就無法通過評估。進入評估流程前，得先經過精神科醫生嚴格鑑定，確認當事人不是憂鬱症病患。評估通過後，才能設置安樂死器材。在積極安樂死的情形下，按下安樂死裝置開關的是醫療人員，但最後一刻按下按鈕的選擇權仍操之於當事人。

不過這時候，一路以來治療當事人的醫生，可能會覺得自己像監獄行刑者，排斥注射。假如原本負責的醫生拒絕執行，可請求其他醫生協助。目前將積極安樂死合法化的國家有比利時與荷蘭。

誰能中斷我的人生

醫師協助自殺或又稱醫師協助死亡（Physician-Assisted Suicide），讓原本應該拯救生命的醫生，反而成為奪去生命的死神，進而引發爭論。即使是通過醫師協助自殺法案的美國奧勒岡州，也為此事爭執不休。

美國病理學家傑克・凱沃基安（Jack Kevorkian）研發出死亡機器，即有「自殺機器」意義的安樂死機器。安樂死機器一邊會注射生理食鹽水，另一邊會注射安眠劑及毒藥。凱沃基安幫助醫生確診無治癒希望，並且有自殺意願的重症患者，設置自己研發的自殺機器。

如何使用自殺機器呢？患者按下按鈕後，自殺機器會自動注射生理食鹽水到患者體內，接著注射安眠劑。患者受到藥物影響逐漸入睡，等到患者熟睡時，再打入毒藥。凱沃基安醫生陸續協助患者自殺，所以，凱沃基安的另一個名字是「死亡醫生」（Dr. Death）。

凱沃基安協助過許多患者自殺後，進一步向美國的時事專題節目《60分鐘》（*60*

minutes）揭露自己協助患者自殺的過程影像。影像內容嚴重衝擊了基督教色彩濃厚的美國觀眾。醫生的本分是拯救患者，居然設置死亡機器，協助患者自殺，哪怕是重症患者也太不像話了。凱沃基安的所作所為招來外界不少撻伐與抗議，檢方隨即投入調查。

最後，凱沃基安被檢方起訴。罪名是以協助他人自殺罪，等於是韓國非故意行為中的過失致死罪。凱沃基安入獄服刑八年假釋出獄後，推動安樂死權利運動。凱沃基安呼籲安樂死合法化，引起廣泛爭議，這起事件卻也成了美國奧勒岡州在一九九七年通過相關法案的契機。

話說回來，一心求死的患者真的全都能按下按鈕嗎？不是的。只有60％的安樂死申請者會按下按鈕，另外40％不會按下按鈕。儘管評估過程中，申請者表達了一貫堅持求死的意願，可真的要親手實施自己的死亡，一點都不簡單。

安樂死一直是引發各界激烈爭執的議題，那麼韓國是如何看待安樂死呢？第一，在終止延命醫療方面，韓國較保守的日本晚一步，但已經實施。第二，在醫師協助自殺或又稱醫師協助死亡方面，由於不同的價值觀，出現了同意或不同意的對立意見。有鑑於好幾個國家都已經通過法案，我想這也許是我們生活的世代的最後議題。因為安樂死政策還是有一定的支持者存在。

最後是積極安樂死部分，目前持否定態度的人居多。積極安樂死分成自發性與非自發性。非自發性安樂死會讓人聯想起滅絕人性的希特勒和奧斯威辛集中營，此事萬萬不可。另一方面，自發性安樂死的執行方式則涉及倫理問題。

但是，先別急著否定，不妨再多想想吧。「安樂死」的字面意義是安心、沒有痛苦的死亡。原本是個中性意義的單詞，不過是社會帶著有色眼鏡看待它，一提及安樂死，彷彿有人要殺死某人似的。其實，用「慈悲死」來表現安樂死，會更符合人們對安樂死的認知。慈悲死會讓人聯想到幫助某人沒有痛苦地死去。比方說，在戰爭電影中，射殺飽受槍傷折磨的士兵。

無論我們用哪一種稱呼，安樂死或慈悲死兩者都意味著生命的終結。問題在於，人們能不能有目的性地終結生命。這正是未來社會要共同思考的問題。

什麼樣的死亡會改變社會

死的意義即生的意義

法醫的人生與特別狀況的死亡有著深厚的緣分，但是諷刺的是緣分越深，越發人省思的不是死，是生。雖然我不是追求得道的道士，但是在回顧過程中，更能感受到人生的虔誠與珍貴，並進而萌生小小的心願，想創造思考死亡的社會風氣。

在所有成為社會議題的死亡中，我們各自有印象特別深刻的事件。有人會記住遠遠喊出「勞工不是機器」自焚的全泰壹（전태일）烈士，有些人記住對抗獨裁政權的朴鍾哲（박종철）等，有著其歷史意義的死亡，也有些人會想起軍中的金勳中尉的死亡疑

雲。

所有的死亡都是個人的死亡，可是個人的死亡會造成社會的動盪。某些死會改變社會體制，創造新的社會價值。命案中的死能揭示我們社會的各種面貌，也對生命的價值打上了新的問號。

各種面貌的死亡意義都比想像中深遠。當然，不用像《想知道真相》節目一樣，非得用科學方式去解析死亡，不是所有的死都需要解剖屍體。

可是，無論是哪一種死亡，會引起社會波動的死也好，不會如此的也好，單單深入思索死的本質，就足以開啟我們人生意義的新篇章。

統計數據外的自殺數值

過去，國家將人民生命視為資產，個人的生命被認為是國家所有物，自殺即犯罪。現在還是有些國家沿襲著過去的觀念，在新加坡、巴基斯坦、孟加拉和馬來西亞等國家，企圖自殺會受到嚴懲；在北韓，除了自殺當事人，連遺屬都會被連坐問罪。

國家用刑法明確表達保障人民生命權的立場，同時也保護人民生命不被他人侵害威脅。不過，自殺仍然富有爭議性。耶魯大學哲學系教授謝利・卡根（Shelly Kagan）在著作《令人著迷的生與死》（*Death*）中主張，如果當事人有充分的自殺理由，且經過深思熟慮，那麼當事人的自殺舉止具有道德正當性。

話雖如此，但現代國家考量到政策，認為損失個人寶貴生命，將造成整體社會的負面影響。所以，依然採取干預自殺的手段。

死亡權飽受爭議，而社會對自殺行為的關注點，在死者的心理因素上，而不是生理因素。對我這個法醫學者來說，這種被稱為社會性他殺的自殺，無庸置疑地是一種沉重的死亡。我作為社會一份子，深深感受到自己背負著沉重的連帶責任。為了和大家更具體清楚地談論自殺問題，我們先來看看韓國一年的死亡人數、死因及實情。去年委託我的兩百六十件屍檢中，沒多少是他殺案，屍檢對象大多是病死、事故死或自殺。

我在前面提過，韓國一年死於他殺人數約為四百多名，不過，大法院統計數據顯示，包含殺人未遂在內，一年死於他殺人數大概是一千名。換言之，一年內，每十萬人中就有一人以下死於他殺。目前很難判斷這個數值偏高或偏低，我們先對照其他國家的調查資料。

首先，日本每十萬人中有0.2～0.5人死於他殺，明顯低於韓國；美國每十萬人中有五至六人死於他殺，比韓國高出七至八倍。大家可能認為美國合法持有槍枝的人多，事實上，美國合法持槍者沒想像得多。看似危險的墨西哥，每十萬人中有十九至二十人死於他殺。那到底哪些是真正具有危險性的國家呢？諸如尼加拉瓜、宏都拉斯、委內瑞拉等國，每十萬人中超過五十人死於他殺。

東南亞各國，像是韓國、日本和台灣等，是相對安全的國家。不過，有一個國家每十萬人中聲稱零人死於他殺，比那些國家還更加安全，此即我們的同胞生活的北韓。不過，世界衛生組織推測北韓每十萬人中四至五人死於他殺，數據上有出入。

總之如前所述，就殺人案而論，韓國是相對安全的國家，韓國人的壓倒性死因為病死，其中代表疾病是「癌症」。韓國每十萬人中一人死於他殺，相對地，每十萬人中有一百五十人死於癌症。自殺緊追在癌症之後，逐漸成為社會主要死因之一。根據OECD統計，韓國的自殺率位居世界第二，僅次於立陶宛，在此之前，一直占據第一。雖然人們經常說日本的自殺率高，但是，韓國的自殺率遠高於日本。回顧二〇一七年的資料，韓國每十萬人中有二十四・三人死於自殺，比糖尿病患者和肝病患者的死亡人數更多，甚至是交通事故死亡人數的兩倍以上。另外，二〇一七年的全體數據還指出約有一萬兩千人死於自殺。

作為法醫，我必須說我認為韓國的自殺人數遠多於官方發表的數據。每到三、四月，天氣變得暖和，就會在漢江發現多具屍體。大部分漢江發現的死者屍檢都會委託我相驗，所以我才敢下此斷言。

統計廳很多時候不會將自殺者的屍體列入自殺。假若死者沒留下確實的遺書之類的東西，則會被分類到其他或是死因不詳。這是為什麼我會說實際自殺人數多於統計報告上的數字。

此外，在韓國至今還是受到烙印效果的影響。大眾莫名避諱有著家族自殺史的人。正因如此，人們會盡量避免被身旁的人知道家人自殺的事；甚至，過去有遺屬因父親自殺過世，為了向公司提交文件，特地拜託我開立假的相驗書。

我當然不可能同意，但我充分理解遺屬的心情。在這種積極隱瞞自殺行為的社會風氣下，實際自殺人數約比統計廳數據高出5～25%。

自己結束生命變成了現代人的新興死因，也就是俗稱的自殺。自殺和法醫學有極密切的關係。

《*The Bridge*》是拍攝舊金山金門大橋（Golden Gate Bridge）的自殺者的紀錄片。導演在金門大橋周遭設置攝影機，花了一年時間，從清晨拍攝到日落，記錄了二十三名自殺者的自殺現場。看過這部紀錄片的人就會明白，如果有人跳橋自殺，當然也會有人馬上衝出去救人；不過，救不回的人比想像得更多。這是一部揭密人類死亡淒涼真相的紀錄片。我個人因為職業的關係，目擊過太多的自殺，所以更加感到遺憾。

就像前述的數據一樣，韓國是唯一一個自殺率急遽攀升的國家，所以，要聊死亡，必然要從自殺聊起。也許自殺跟謝利・卡根教授的主張一樣，具有理性和道德正當性。然而，經過充分的深思熟慮後的自殺決定，就一定是合理的嗎？《紐約客》（*The New Yorker*）雜誌採訪了那些在金門大橋試圖自殺又幸運被救回的人。他們這樣說：

「跳下去的瞬間，我醒悟了在我的人生中，沒有一件事會因為我從橋上跳下來而解決。」

「跳下去的第一個念頭是『我幹了什麼好事！』我不想死。」

這與韓國首爾大學醫學院精神健康醫學系安容旼教授，在進行自殺者治療過程中，聽到的內容有著驚人的一致。每位企圖自殺者都表示想死很久了，覺得死能解決所有問題。問題是真要尋死，又會萌生求生慾望，在那一刻才意識到自己過去的判斷全都錯了。

每個人都曾想過自殺。我記得我國中一年級考試考砸的時候也不想活了，在那個年齡，考試考砸就像被賦予一場空前的試煉，以為只要跟這個世界告別，就能克服試煉。但不是每個人都能把死亡的念頭落實。很多人誤以為自殺都是「一時衝動」。然而，一個人有著正常的社交生活及社會歸屬感，覺得自己是這個家、公司，或是團體的一份子，就不會把自殺付諸行動；反之，如果與別人斷絕來往，求死的慾望就會持續具體化。

接著，在漫長時間準備後，某一刻終於鼓起勇氣，最後付諸實行。當然，自殺的勇氣不是正面的，但仍舊得付出莫大的勇氣。意思是，自殺是因為各式各樣的原因，導致當事者失去自我統御力之後，屢次試圖的結果，並非瞬間的判斷。

一直以來，人們對於自殺有許多錯誤的看法。人不會一時即興想自殺，世界上無不想死之人，每個人都在各自的人生中尋找死的理由。

因此，我們要細心觀察周遭動靜，發現身旁潛在的預備自殺者，幫助他們建立人生方向，讓他們打消輕生的念頭，令耀眼的光芒再次照亮他們的人生。這是活在同一時代的我們應盡的義務。

面對自殺事件，留下的人該做的事

釀成自殺的心理

自殺的原因分析起來，主要有三種原因。

一、認為自己變成了他人的包袱；實際上，這是當事者的感受，誰也不曉得是不是真的成了包袱。韓國有許多老人自殺事件；現今世代，老人家害怕成為子女的負擔，獨立地生活著，不過，在法國等先進國家的價值觀上，老人家接受國家補助是理所當然的。相較之下，韓國老人家的處境卻鮮少被過問，老人家對政府不抱期待，一想到老去的自己將成為某人的包袱，心情疲累在所難免。

二、缺乏歸屬感，因為自身因素而造成社交方面的障礙。一個人若感受不到歸屬感，就會斷絕和一切社交往來，內心強烈感覺與人群疏離孤立，最終罹患憂鬱症。

過去觀察美國各地區自殺統計數據，也比較過各地區的自殺率。各位覺得美國哪一區的自殺率居冠呢？十有八九會想到紐約，總覺得在沒人情味的城市會出現最多自殺的人。答案出人意表。是阿拉斯加州。數據顯示，偏僻地方有著高自殺率，比如說，需要騎一整天馬才到得了的懷俄明州等等。華盛頓州和紐約州反而是自殺率最低的城市。

韓國也跟美國一樣，全國八道中，自殺率居冠的城市是江原道，第二是忠清北道，首爾的自殺率是最末位。不過，大部分的都市他殺率大於鄉下地區。

最後第三個自殺的原因是麻木的學習，意思是人們放棄自己的社會角色，把自殺一事看得雲淡風輕，覺得自殺是能解決問題的對策。

在提到的三種原因中，無論是因為上述哪一種原因走上自殺的不歸路，我們必須清楚自殺不只影響當事人，也會影響到當事人的親友。假如死者是想避免成為他人的包袱，或是因故斷絕所有的社會往來，最終走上絕路，我從未見過活著的親屬會因此減輕壓力。

留下來的人在往後的人生裡將承受不可抹滅的傷痛。一個人情緒失控走上不歸路，會對身邊的親友產生嚴重的創傷後壓力症候群。外國研究顯示，若家族中有自殺史，則自殺者親友自殺的可能性提升到四・二倍。

在科學中尋找原因——遺傳和酒精

生物學證據也是自殺的原因之一。這裡所謂的生物學證據，說的是遺傳證據以及自殺基因。儘管還沒查明是否屬實，不過，的確有些人會從優生學的角度去思考。比方說，萬一對方問我有沒有犯罪基因，我如實回答家中有過家暴事件，則會被認為我天生帶有暴力基因，可是，並不是說有遺傳基因，就一定會體現暴力行為傾向。

舉例來說，高個子的父親也可能生出矮個子的兒子，反之亦然，矮個子的父親也有機會生出高個子的兒子。基因的體現需要滿足多重條件的限制。人的染色體分別來自父母，在人體內會排列組合調整；還有，表觀遺傳學認為，基因有可能會和當事人的生活方式和外界環境相互作用，但也有可能不會。

確實有某些基因與自殺高度相關，但據目前的研究不能斷定，只能推測和一種叫做血清素（serotonin）的大腦化學物質有關。

從以普通獼猴為對象的試驗和結果發現，大腦血清素不足的獼猴會有自殘行為。提供這些獼猴甜食，補充一種叫色胺酸（tryptophan）的血清素，就能停止牠們的自殘行為。由此推想，有自殺衝動的人是不是也和獼猴一樣，受到大腦血清素影響。當然，基因不會百分百體現，也就不能隨便把這類的試驗結果當成自殺的唯一因素。

整體來說，專家學者當前只能下出不確定的結論說，自殺原因中有70％來自環境因素，剩下的30％來自遺傳因素。

酒精和自殺脫不了關係。事實上，愛喝酒的國家，自殺率也高。根據最近的OECD統計數據，東歐國家中有自殺率超越韓國，占據自殺率第一名的國家，那就是立陶宛。如果有去過類似的國家，會發現當地的經濟蕭條，不知道是不是因為這樣，酗酒的人隨處可見。

韓國是個熱愛飲酒的國家，對酒後駕車意外事故的懲處也比其他國家輕，是個對酒精非常寬厚的國家。我有過喝酒當下很開心，隔天卻變得異常憂鬱的經驗。

有多少人因為酒後自殺而死亡呢?從二〇一三年的統計調查得知,平均44%的企圖自殺事件發生在喝了酒之後,其中,男性的自殺比率高於女性,是49%(參考文獻7),不少人喝了酒後會尋死。

雖然大多數的人喝了酒後心情會變好,不過基本上,酒會解除大腦的武裝,酒後的大腦會發生解除抑制現象。前額葉掌控人類大腦的理性思考能力,喝了酒之後,先前被前額葉壓抑隱忍的話,就會像被鬆開的「螺絲」般傾瀉而出,不僅如此,還會出現各種奇怪的症狀。

酒精的問題在於降低大腦機能,使人心情好的同時,也會讓人陷入憂鬱,尤其是酒醒後會覺得特別累,精神委靡,身體狀態跌至谷底,情緒低落。

人們一般發生不好的事會喝酒。比方說,失戀。「喂,你,聽說失戀了?喝杯酒忘得一乾二淨吧。」只要不是精神格外脆弱的人,在健全的社交活動中喝杯酒,就能把憂鬱抛到九霄雲外;但是,如果提供酒精給精神脆弱、有社交活動障礙,以及重度憂鬱的人,事態就嚴重了。

韓國實際統計數據顯示,不少酗酒的人在酒醒後會企圖自殺。所有自殺的知名藝人都被測出超過正常的酒精濃度值，不過，也有不少情況是酒精濃度高達0.1%，人處於酩酊大醉狀態下自殺。雖說自殺者絕不會只是單純地飲酒自殺，不過，酒精確實賦予了有自殺念頭的人扣下扳機的執行力。

心情好的時候，喝杯酒或許有益健康，可是，絕對不要讓憂鬱的人攝取酒精。經常見面的朋友之間喝一杯無妨，如果是久久見一次面，又看起來不對勁的朋友，切莫勸酒。酒精的缺點多過優點這件事，請各位銘記在心。

高齡長者及年輕女性的自殺

現今韓國自殺現象的相關特徵分為四方面。首先是高齡長者與年輕女性的自殺。高齡長者的自殺率上升的趨勢實在教人瞠目結舌。高齡人口的自殺也正是我國自殺率占據OECD國家中第一名的主因。

以二〇一〇年為基準，自殺者中的八十歲以上人口所占比率，每十萬人中有一二三・三人、七十歲以上有八十三・五人，以及六十歲以上有五十二・七人。一般提起自殺，人們最先想到的是競爭激烈的大學入學考試失利而選擇自殺的青少年。其實，韓國青少年自殺率還低於入學考試制度嚴格的芬蘭。

高齡人口自殺通常源自於欠缺社會安全網，加上經濟陷困境，才不得已走上自殺之路。老一輩指望年輕一代養老。老人家把這輩子奉獻給了子女，等到步入黃昏之年，卻面臨生活拮据的困境，無力支撐生計。此外，和抱有期待的家庭成員間情感紐帶的聯繫和歸屬感的消失，造成巨大傷害，影響到老人家的心理健康。

高齡自殺者多半是與家人不相往來的空巢老人。在和家人許久不聯絡的情況下，老人家過世很難聯絡上親屬，哪怕子女尚在人世也一樣。有一個關於高齡人口自殺的統計，挺有意思：膝下子女越多，自殺率越低。說穿了，應是因為在眾多子女中，至少會和其中一人有心靈交流。

老人要想擺脫憂鬱的情緒，最需要有能聊天的知心朋友。韓國男性因為缺少朋友也是自殺率增加的要因之一。男性全心全意投入工作，退休後與職場朋友之間產生隔閡，感到心境疲累。正因如此，高齡自殺人口中，男性自殺率是女性的三・五倍。

所以，高齡人口自殺可以看成是社會性他殺。老一輩把一切投資到子女身上，到頭來變成社會安全網的漏洞，被迫走向死亡。

年輕女性的自殺率也居高不下。有人主張內心價值觀缺失是韓國社會自殺率上升的原因之一。其中某些部分是有道理的。工業化的快速發展，原先支撐人們的人生內在價值觀受到動搖，人們變得孤獨。不過事實上，精神科醫生開立診斷報告，只會將所有的原因都歸結於精神病。

複雜的工業化社會造成精神病患者數增加。這句話雖然對，但並不全面。精神病不能解釋所有的自殺，就像我們不能以精神病說明，為何唯獨高齡長者和年輕女性的自殺率如此之高。

根據精神科醫師的診斷標準手冊《精神疾病診斷與統計手冊》（*Diagnostic and Statistical Manual of Mental Disorders*，簡稱DSM）將自殺者歸類在未列名（Not Otherwise Specified，簡稱NOS）。精神障礙NOS的意思是未明示的精神障礙。近來，為了照護患有嚴重憂鬱症的人，政府正在籌備便民的心理諮商服務，精神科醫師及臨床心理師等相關專家都被納入規劃中。

精神執著和自殺的傳染

韓國自殺現象的第三種特徵是：家人集體自殺。家人集體自殺這種稱呼，易造成誤會，誤以為所有人都同意死亡，應該要改個說法。一家之主不甘獨自死去，先殺害家人後自殺，或是兩夫妻帶著孩子一起死的相關類似報導，在韓國屢見不鮮，反觀國外，卻極其罕見。將孩子或家人想成個人所有物，反映出韓國獨有的精神價值觀。

即便是當事人生下的孩子，孩子生命的主人也應該是孩子自己。縱使不把孩子視為父母的所有物，但父母能決定孩子生死的固有觀念，反映出重視家庭關係的韓國式精神，因擔心「孩子沒有父母」反而做出了教人惋惜的決定。

此外，不知從何時起，相約集體自殺的網站盛行。生與死應是等價，死本身具有尊嚴性，如今大眾對死的認知土崩瓦解，輕視了死亡的價值。所以，每次遇到集體自殺，我的心情都相當沉重。

尋死之人有一個共通點：把自殺當成一種解決問題的手段。分析自殺者的遺書，就能理解，他們認為只要自己消失了，一切問題都會迎刃而解，由於被這種念頭支配而走上絕路。

我在想，人們誤以為自殺能解決問題，是不是以為社會有容忍自殺的風氣。如果社會風氣催化人們的自殺行為，會使人們陷入惡性循環裡。媒體偏差報導也連帶影響這種社會風氣的形成。

我國自殺現象的最後特徵是，受到媒體對自殺新聞的大肆渲染影響，又稱「維特效應」（Werther Effect）。維特效應指的是當事人平常喜愛的名人自殺時，把該名人當成自

・個人、社會和國家的關心能阻止自殺

己，跟著自殺。簡單來說，是一種模仿自殺和自殺傳染現象。

自殺傳染只是用來比喻一種現象。正常人絕對不會被傳染自殺。這裡說的正常人是指人際溝通沒大問題，具有歸屬感，不覺得自己成為他人包袱的人。

但是，自殺確實會傳染給心理脆弱的所謂不正常人。問題是，當事人不知道自己正不正常，又從家人或媒體看到極度喜歡的人的死訊時，脆弱的心理就起了仿效自殺的念頭。

漠不關心是最容易助長自殺的行為

前面說過，舊金山金門大橋以自殺者聖地而聞名，要不要設置自殺預防的圍欄引發各界熱烈討論。反對設置圍欄的一方認為投入的金錢和實際效果不成正比，反正決心自殺的人，無論如何都會想辦法尋死：「金門大橋是有名的自殺聖地，企圖自殺者就算在這裡死不成，也會另尋自殺地點。」

於是，針對這個主張的正確性展開調查，結果恰恰相反。被阻止自殺的人中有67%

沒有再次試圖自殺，並且活到壽終正寢。雖說自殺是花了漫長時間準備，下定決心才會做出的行為。但假使自殺當天，有人真誠告訴企圖自殺者，這個錯誤決定會帶來的結果，就能使他回心轉意。

所以，自從我國自殺聖地麻浦大橋進行預防自殺活動，在大橋貼上關於生命可貴的字句，要自殺者深思熟慮，外加警方隨時巡視後，自殺率明顯降低。不得不說，這是非常出色的政策。過去反對金門大橋設置柵欄，主張反正有自殺意圖的人跟死人沒兩樣的政客，遭到各方的嚴詞責備。於是，幾年前，美國的金門大橋也設置起高圍欄。

每個人經歷疲憊的事情時，都曾動過自殺念頭。人生而為社會性動物，自殺是人類行為中最悲劇的行為。加上，自殺作為我們在生活中面臨問題時，會意識到的對策之一，應要阻止可能會誘發自殺的社會要素。

自殺是可以預防的。如果有人能在企圖自殺者構思自殺計畫到付諸實踐的漫長時間內伸出援手，絕對有可能制止他的自殺意念。潛在自殺者需要親朋好友的關心、社會安全網，以及大眾溫暖的目光。

國家實施自殺防治政策，不可避免地要對相關項目投入預算。自殺防治需要全民參與，大家一起同心協力減少死亡、遺憾的發生，不能認為事不關己，一味反對。

作為必須解剖屍體的法醫學者，比起期待欣賞花開的春天，我更期盼減少我相驗屍體的時間。

Q&A

問與答

1

法醫學可看成一國的人權意識指標，韓國從何時開始有法醫學？

韓國的法醫學歷史可追溯到西元一四四〇年（朝鮮世宗二十二年）發布的《新註無冤錄》及《新註無冤錄音註》。學者在中國元朝發行的《無冤錄》的基礎上，加以修訂注釋。而《無冤錄》是西元一二四七年發行的《洗冤集錄》和《平冤錄》修正而成。

之後，西元一七四八年（英祖二十四年）《增修無冤錄》問世；西元一七九二年（正祖十六年）修正增補後出版《增修無冤錄諺解》；西元一七九九年（正祖二十三年）出版《審理錄》；純祖年間出版的《檢要》；西元一八二二年（純祖二十二年）

出版的《欽欽新書》。此外，尚有《屍帳》等法醫專業書籍相繼出版。

朝鮮時代除了法醫學相關專業書籍，實務方面也非常出色。根據紀錄，世宗時已經把法醫學知識實際運用於審判中。

在法醫學的基礎上，官吏們一定會親赴命案現場，親自檢驗屍身。當時採複檢制，需要有兩名來自不同地方的官吏一起進行屍檢。

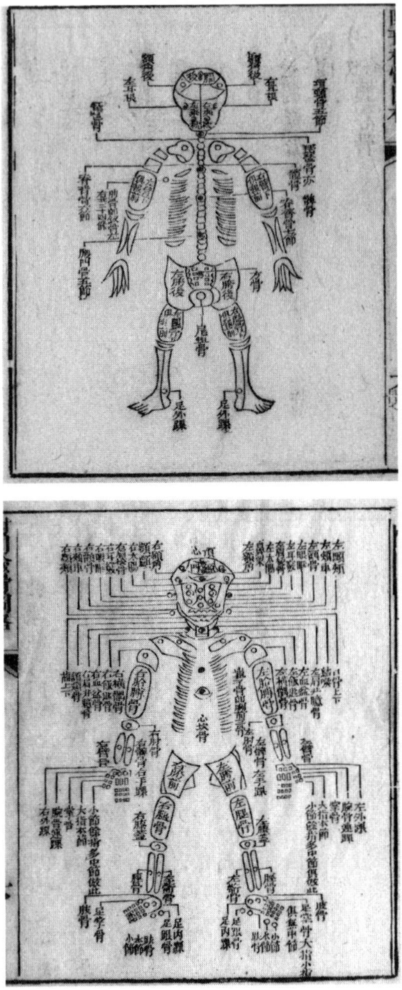

· 宋朝的法醫學書籍《洗冤集錄》

優秀的書籍及制度關乎一國的命運興衰。很可惜地，韓國的法醫學傳承之路，在日治時期即中斷，因為日治時期的審判用不到法醫學，於是相關制度便跟著銷聲匿跡。

同一時期的日本則處於近代法醫學的開端。一九三〇年四月十八日，京城帝國大學醫學部開設法醫學課程，負責的教授是東京帝國大學醫學部的法醫學教授佐藤武雄，直到解放之前都由他教授法醫學，所以韓國法醫學才續存一息命脈。

當時在Serverance醫學專科學校教學（即現在的延世大學醫學院）的崔棟（최동）教授，前往（日本）東北帝國大學進修，而後，崔教授從一九三〇年開始了法醫學的教學。

另外，京城女子醫學專科學校（即現在的高麗大學醫學院外科）擔任助理教授一職的金萬達（音譯，김만달）博士，獨自前往九州帝國大學研修法醫學，韓國自從日本殖民統治解放後，在大邱醫科大學（即現在的慶北大學醫學院）創設法醫學。

日本人不僅抹殺了韓國民族文化，也使韓國法醫學傳統遭遇連根拔起的危機。

所幸有兩位先驅不遺餘力地為韓國法醫學延續命脈。

之後，文國鎮（문국진）教授成為現代法醫學的萌芽源頭。我在前面也略有提及，文國鎮教授的法醫學發展契機十分戲劇化。

簡言之，當時文國鎮教授就讀首爾大學醫學院三年級，一天出門沒帶傘，卻好巧不巧地下起雷陣雨。文國鎮教授進入就近的二手書店躲雨，在書店裡發現一本叫作《法醫學》的日文書。就此開啟了他和法醫學的第一步接觸。

當時，崔棟教授和金萬達教授已經過世，沒有地方能學習到法醫學，文國鎮教授只好自學。在他閱讀許多日本和美國法醫學書籍後，決心赴美進修法醫學。

文國鎮教授是國科搜的創始成員，擔任法醫系主任一職。一九七〇年任職又石大學醫學院病理課程的副教授。一九七六年九月一日創設高麗大學醫學院法醫學課程。一九九〇年八月至規定年齡退休。文國鎮教授在法醫學的發展前中期，尤其是法醫血清學和醫療法學方面，貢獻良多。

另一方面，韓國自日本殖民統治解放後，京城帝國大學醫學院也不復存在。之後，首爾大學醫學院不遺餘力地創設了韓國國立醫學院法醫學課程。

一九八四年四月一日創設的法醫學課程，由李正彬（이정빈）教授擔任法醫學教室教授。不久後，與李允聖（이윤성）教授共同攜手發展韓國法醫學。我也是聽了李正彬、李允聖兩位教授的課堂後，萌生了法醫夢。

2

人類未來將面對許多關於新的生死形態的案件，諸如中斷延命醫療、尊嚴死等議題。我們應具備何種倫理姿態以及認知呢？

隨著現代科學技術的迅速發展，人類也時時刻刻處於變化中。截至一九九〇年代後期，人們還在為腦死是不是死亡，展開激烈辯論，但現在，大眾已凝聚共識，不再有異議。終止延命醫療也與許多人的爭議和顧慮相反，國民自然而然地達成共識，從今年起導入醫療現場。

未來，隨著國民的認知水準改變，像是醫師協助自殺和醫師協助死亡等的尊嚴死相關議題，勢必不斷觸發爭議，才能決定是否導入醫療現場。

這也意味著，人們面對死亡的倫理姿態與認知，會因應社會發展與社會大眾的共識改變。因此，我們無須過於恐懼、警戒人生最後一刻的到來，身為社會健全的一份子全力以赴，便是迎接未來最合宜的姿態。

我們應銘記在心的是，人是總有一天會消逝的存在，不可能永生不滅。生命有限，我們要學會向生命感恩；同時，在生命逝去之前，全力善待他人與自己。這也就是我前面說的，社會健全的一份子應扮演的角色。

3

您作為一位站在近處，旁觀無數自殺的法醫，有什麼話想對企圖自殺者說嗎？

自殺成為我國嚴重的問題。許多人將自殺當成解決問題的捷徑，誤以為是實踐自我統御的手段之一。可是，擔任多年法醫學者的我一路看來的結論是：自殺解決不了問題，反而會帶給實際關愛卻沒能表達出來的親友們心理傷害。

此外，還會誘發妄自菲薄、喪失社會歸屬感、自暴自棄和死心與絕望等的情緒問題，不是掌控自我的合理手段。

如果這個當下，有人正企圖尋死，那麼我想說的是，自殺是可以治療的，不是所有問題走上不歸路就能一了百了。

精神疾病和感冒等生理疾病並無二致。只要有適當的治療和他人溫暖的支持，就能康復，所以，我真心希望企圖自殺者能向外求援，不要中斷這段名為生命的珍貴旅程。

我還想告訴大家，我們應該營造正確看待企圖自殺者的社會風氣，扭轉異樣眼光與誤解。他們既不是特別的人，也不是怪人。希望大眾能積極支持將社會資源投入也落實到能抵抗、防止自殺的社會體系中。

第三部

我們得學習死亡的理由

一百個人就有一百種人生、一百種死亡。在死亡中是不是也該發揮個人的特性？親近死亡的人生才是耀眼美麗的人生。這是為什麼我們要以死亡向人生提問。

「現在才醒悟，人生如此短暫。」

直面有死亡的人生

「人生只有一次！」好像是最理所當然的一句話，但也是最有問題的表達。誰也不能確定人生究竟只有一次，還是像猶太教、基督教和回教等一神信仰中所說的永生，或是像印度教和佛教信奉的輪迴，死後會繼續另一段人生，又或者是哲學家尼采道破的永劫回歸（Ewige Wiederkehr）。

到了今時今日，科學仍舊給不出答案，不過，所有人都同意一生只有一次的真理。因為只有一次，因為無法重來，每個人生都無與倫比地珍貴。

擁抱著這個真理，我們得深思熟慮要怎麼度過這個珍貴的人生，迎來臨終一刻。我們如何省察生，就該如何省察死，這才是誠心誠意地對待人生的姿態。我的年紀說老不老，說不上看透人生種種，但是既然我是一名法醫，無論如何都比一般人更常接觸到死亡，對社會大眾揭示死亡，似乎責無旁貸。

被稱為印度版的希臘羅馬神話大敘事詩的《摩訶婆羅多》（*Mahabharata*），在其同名圖畫中，有一個主角和反派較量的有名的決鬥畫面。反派「加爾納」（Karna）是一名武士，與主角是兄弟。不僅有現代的灑狗血八點檔連續劇的橋段，久遠的大敘事詩中的主要登場人物之間也少不了複雜糾葛的關係。總之，反派加爾納在展開最後的決鬥之前，預感到自己的失敗，說出以下的話：

「I see it now. This world is swiftly passing!」（我現在懂了，人生如此短暫！）

以前我讀的是英文版的《摩訶婆羅多》，當時這段故事深深地感動了我。雖然加爾納是反派人物，但是他直面命運所發出的悲嘆，令我感受到其悲壯美及崇高美。

死是涼爽的夏夜

過去學生們愛玩一個叫「命運」的遊戲。雖然是個消遣時間的遊戲，但是透過遊戲中登場的角色，能學到各種生死觀。要像遊戲角色一樣從事建立文明、敗壞文明的偉大功業，必然要經歷巨大的煩惱。

除了遊戲之外，中國經典名著《三國志》中描繪出形形色色、性格鮮明的三國英雄。其中，「曹操」去世前的畫面給我留下深刻的印象。小時候，我第一次讀《三國志》的時候，對曹操很反感。因為我所認知的曹操是一個很狡詐的謀士，被定位為壞人。

後來，我讀過各種不同的《三國志》譯本，慢慢地發現曹操與眾不同的魅力，尤其是曹操的臨終畫面。在《三國志》繕本中，曹操見到關羽的魂魄，嚇得魂飛魄散，纏綿病榻至死。中國的電視劇《新三國志》中，曹操臨終時囑咐如下：

「死是涼爽的夏夜。世人昨日看錯我曹操，今日又看錯了。也許明日還會看錯，可是我從來不怕別人錯看我。」

其實，我先前說的武士加爾納和曹操的處境相仿，分別是印度和中國經典名著裡的反派人物，只不過，兩者的人生在臨終的醒悟略有不同。

類似加爾納和曹操的人物還有日本的豐臣秀吉（とよとみ ひでよし）。日本武將在死前一定會留下臨終遺言，豐臣秀吉也不例外。他的辭世詩流傳千古，但是，與其說是遺言，豐臣秀吉的辭世詩更像是回顧一生經歷種種的警世名言。

・談論人生虛無的豐臣秀吉

「身如朝露，縹緲隨夢，大阪叱吒風雲，繁華如夢一場。」

以大阪（古名：難波）為首都的豐臣秀吉，在彌留之際留下一首令人聯想起莊周夢蝶的辭世詩。詩意大致是：肉身出自朝露，也如同朝露般逝去。一生享受的榮華富貴也如同夢一般。

死亡不需要預感嗎？

死到臨頭，每個人都會有自己面對死亡的模樣。死六臣（注：朝鮮王朝被世祖處決的六位大臣）之一的成三問（1418-1456）慷慨赴死前這麼說：

「擊鼓催人命，
回頭日欲斜。
黃泉無一店，

今夜宿誰家？」

在「國君實錄」（注：韓國紀錄國君言論的史書）記載中，太宗的遺言透露著對兒女非同一般的愛，讓人印象深刻。

「世子身體孱弱，服喪期間也一定要吃肉。」

為了寫論文（參考文獻8），我看過數百人的遺書。當然這樣說是以偏概全，不過有很多人，包括自殺者的遺書都出現了類似的話：

「OO啊，我的存摺放在大房間書桌的第二個抽屜。」

「很抱歉，先走一步，絕對不要繼承我的債務。」

人們一般以為遺書會像諸葛亮的《出師表》，花了相當的篇幅回顧漫長的一生，實則並非如此，大多數的遺書出乎意外地短。近來，高齡族群也會利用訊息或臉書之類的社群網站，留下遺言。

韓國人的遺書特徵是為子女擔憂。相信大家都看過一些關於名門望族的家訓和遺言的書，縱使遺書千百種，本質上都是想在死前把累積一輩子的人生智慧傳承給後代。

另外，過去和現在的死亡還有另一個差異：預感。過去人們會先感覺身體開始老化，步入衰老過程，然後在某個瞬間進入彌留狀態。這時，身邊親友會意識到：「啊，到了該走的時候。」能預感到父母、爺爺和奶奶等老人的死亡，並做好某種程度的心理準備，確認死亡，籌備葬禮，緬懷紀念先人。

今時不同於往日，今日的死亡沒有預感能擠進去的空隙，所以，人們對死也存在了不同面向的疑問：「什麼是死？」過去，大限何時到來，人們自己心裡有數，還能說出「死亡是涼爽的夏夜」、「世子身體孱弱，服喪期間也一定要吃肉。」的臨終囑咐。然而，大部分的人根本無暇顧及內心話，多半在醫院沒有心理準備的狀況下，或是失去意識地結束人生最後一程。猝不及防的死亡，以致各種煩惱湧現。

死不是失敗，是自然秩序

有非常多論文都在談論死的態度。人類對於死的態度大致分為三種：第一種是中性導向的死亡接受（Neutral acceptance），認為死是生的自然終結，是自然的最後秩序，是個人的人生故事結局。站在科學家的唯物論立場，我也同意死亡是一種世間萬物的自然秩序，並不是特定生命的失敗，相信大家也會同意。

就像美國流行組合ＡＢＢＡ的歌曲，以及千祥炳（천상병）詩人的詩〈歸天〉，前者將生比喻為一場愉快的冒險，後者則是將人生比喻成一次愉快的郊遊，死是生的自然終結。

但是，抱持來世觀的宗教信仰的人，對於死亡是另一種態度。他們相信有幸福的來世，是趨近導向的死亡接受（Approach acceptance）。金壽煥樞機主教就是如此，神在等我，我在人世的職責已了，該回去了。

最後，第三種死的態度是逃離導向的死亡接受（tescape acceptance），把死亡視為痛苦人生的解脫，被認為是對死亡最糟的態度。因通常抱持這種態度的人，是因為死前肉體飽受折磨，致使以負面思考人生，也無法迎接幸福的死亡。

在過去，父母習慣用「出於塵土，歸於塵土」來比喻某人的死亡。父母從喪家回來後，會邊喝酒邊苦澀地說：「死就是這麼一回事。」越是平凡的人說出的話，越是顛撲不破的真理。這就是世間萬物的自然秩序。重要的是，個人該抱持什麼態度去適應、接受這個秩序。

我思索著這件事，不自覺想起身後事。死前準備就等於整理這一生，迎接死的起點。

各位相信有神的存在嗎？信者恆信，不信者恆不信。可是，相信的人該如何證明神的存在？神為什麼不顯露自己的存在？要怎麼證明神是創造宇宙萬物的造物主？什麼是靈魂？要怎麼相信人死後靈魂不滅，會前往天國或地獄？

沒人能輕易給出這類問題的答案，不過，這是人類向死亡的提問。三星集團創始人李秉喆（이병철）會長，他因預感大限將至，好奇人死之後會變成怎樣，於是對許多宗教領袖提出神與人類的二十四個具體問題。李秉喆會長作為大韓民國首屈一指的成功企業家，依舊鑽研著死後世界。

李秉喆會長大概是擔憂人生榮華富貴轉頭空，想知道皈依宗教會不會有所改變。李秉喆會長最後的問題集結成書問世，可惜的是，我想大概永遠沒人能給得了他答案。

死亡是人生最後的故事

從「否認」到「接受」，臨終前五階段

伊麗莎白・庫伯勒・羅絲（Elizabeth Kübler Ross）是有名的生死學大師。她為研究人類的死亡奉獻一生，是把生死學傳遞給了大眾的代表人物。「庫伯勒・羅絲模型」是她實際訪問臨終者後，提出的人面對死亡的五個心理反應階段（注：又稱作「悲傷的五個階段」）。

第一階段是「否認」，即否定死亡到來的可能。身處這個階段的患者，會對告訴自己「你時日不多了」的醫生或家人大發脾氣，並且矢口否認：這種事不可能發生在我身

上，會做出這種診斷的醫院根本是「蒙古大夫」，不信醫生的話，四處求醫確認。

當患者在其他醫院也得到一樣的診斷結果，就會進入第二階段：「憤怒」。怨天尤人，為什麼這種事好死不死發生在我身上。發脾氣的對象可能是神或家人。怪神不公平，給了努力打拚大半輩子，正要享福的自己這種痛苦；怪人讓自己承受這種痛苦，都是因為他人使自己變得疲憊。

接下來是第三階段：「討價還價」。討價還價的對象也有兩個。第一個討價還價的對象是醫生，患者會苦苦哀求、糾纏醫生，說：「醫生，如果這次能救我，我一定會認真生活，我還有很多事想做，孩子還小，我太太沒有我會死的。」另一個討價還價的對象是神，可能會對神懇切祈求：「如果這次救了我，我會捐款，會善良地生活。」患者會被困在這樣討價還價階段，循環好一陣子，直到意識到自己的需求無法實現時，通常會變得憂鬱。

然後，會進入（第四個）「抑鬱」停滯階段，以及無可奈何接受現實的最後第五階段：「接受」。

不同的患者，庫伯勒・羅絲模型五階段出現的順序也會不同，有些人會出現某幾個階段；有些人會出現所有階段；有些人會反反覆覆；有些人沒出現任何階段。這五個階段都來自庫伯勒・羅絲的一般調查統計結果。

儘管庫伯勒・羅絲是在二十至三十年前進行的對死亡接受之階段調查，不過，在過去，人生不存在灰色地帶，人們可以明確知道自己的臨終時刻。當然，我說的並不是知道明確的日期，是臨終預感，因此，人們可以按照自己的想法去安排、創造自己的人生故事，而不會弄不清楚生到死的轉折點。

時至今日，生與死之間卻出現了模糊不明的灰色地帶，人們無從得知自己正處於人生的哪一個階段。忙著憂鬱都來不及，大部分無暇用正面的態度，諸如超然和昇華等，去面對死亡。

延續自己的人生的死亡時刻

假使將生命看作是一段旅程，或是一個作品，那麼死亡就是旅程的終點站，是一個創作故事。只有當事者能予以說明，不過，現代人的死亡卻由醫生負責解說。應由本人畫下句點的人生，決定權卻交給素昧平生的醫生或家人手上；或許，有些人不以為意，也同意這樣的安排，可是，本著各自的人生是各人所有，人生決定權應操之於己的基本原則，延命醫療成了現代醫學最大的問題。

二〇一四年八月，健康保險政策研究院以全國滿二十歲以上的一千五百人為對象，進行希望的臨終場所調查。調查結果發現，五十七・二%的人選擇在自宅臨終，接著依序是安寧緩和機構、醫院和療養院（參考文獻9）。

但實際上，自宅臨終的情況不多。根據統計廳死亡場所統計結果，一九八九年在自宅臨終者占七十七・四%，在醫院臨終者占十二・八%；二〇一二年在自宅臨終者占十八・八%，在醫療機關臨終者占七〇・一%，在社會福祉設施等其他地點臨終者占十一・一%。

還有，從進入醫院加護病房的那一刻起，希望「和家人一起」迎來臨終時刻的願望就會破滅。假若不是車禍患者，而是癌症、腦血管或是心血管疾病患者，有很高的機會在沒有家人陪伴下，獨自在加護病房死去。

當然，患者的身旁也會有醫護人員，但是這類患者很有可能在醫生施行心肺復甦術急救後不治。有一篇有名的美國論文指出，在加護病房中負責照護患者超過六個月的親屬，一旦治療結束，也就是於患者死後，照顧者容易出現嚴重憂鬱症傾向；同樣地，重症病患的親屬也會產生創傷壓力症候群。

哈佛醫學院與公共健康學院教授阿圖．葛文德（Atul Gawande）的著作《凝視死亡》（*Being Mortal*）中傳遞給讀者看待死亡的角度，匆促施行痛苦的延命醫療，再強辯說，這才是人性化死亡，不如好好在臨終時刻回顧。這本書的作者想法和我大同小異，使我大吃一驚。阿圖．葛文德對死亡議題的關心，不亞於一般的外科醫生。整本書包含作者透過死亡傳遞的人生真義；作者自己親身經歷的雙親過世；還有各式各樣的死亡故事。

所謂的人性化死亡是，人們有權行使自己的選擇，並非一味地順從醫院提出的對策，醫院原本的角色就是介紹多種解決方案，幫助患者做出智慧的選擇。

韓國和美國都做過類似的統計，美國數據顯示，人生最後的一年會花掉10～12%的全民健保醫療預算；人生最後一個月的健保花費更是高達5%以上。由此可知，堅持搶救到底，就得支出一筆可觀的加護病房照顧費用。人生的最後一筆費用是昂貴的延命醫療，在全身上下的血管掛上一大堆管線和儀器，這一點韓國和美國並無二致。

我在加護病房最常感受到的是，家人之間避談死亡的悲劇，以及患者因為避談而留下不圓滿的遺憾。特別是臨終患者是父母的情況下，大部分的子女會說：「請一定要救我的父母。」父母辛苦了大半輩子，絕不能就這樣送他們離開。這種住院患者大多是需要臨終準備的癌症末期患者，患者和家人之間卻隻字不提「死亡」。

在我還是實習醫師和住院醫師的時期，曾隱瞞當事人，改向其親屬子女說明病情，親屬也擔心父母會受不住病情的打擊而惡化，所以，病情經常成為我和親屬之間的祕密。但是，接受治療的父母自然而然地會有預感，從心裡深深恐懼，並和親屬避聊「我要死了嗎？」的相關對話。

最後，看著陷入昏迷狀態的父母，兒女一定會長吁短嘆，拜託醫生無論如何要救回父母，說：「不能就這樣送走父母，還有很多想說的話還沒說。」等等。不顧陷入昏迷的患者很難再次甦醒，不斷苦苦糾纏醫生，要求施行延命醫療，但真施行了延命醫療一、兩個月，親屬又會產生新的煩惱。是指什麼煩惱呢？

為了美好的死亡的善終法

雖然前面也提過，最折磨親屬的事情是，在父母面臨人生終點時，其狀態並不是他們原先所希望的人生最後一程樣貌，對此心生愧疚的親屬因而飽受折磨，通常會放棄繼續施行延命醫療。「Severance醫院金奶奶事件」相關訴訟，是韓國人民關心善終（well-dying）議題的觸發點。

此外，延命醫療會延伸出昂貴的醫療費用問題。阿圖・葛文德在書中辛辣批判美國醫療體系剝奪了臨終患者整理生命的最後機會，把人生的最後一程耗費在醫療上。可是，此情形韓國又比美國更嚴重。

韓國臨終前一個月的患者使用抗癌劑占三〇・九%。臨終前一個月，等於人生所剩的日子不多。這時，為了整理最後的人生，是最需緩解疼痛的關鍵時刻，可是，只有2.3%的患者決定注射嗎啡，減輕疼痛，美國卻超過50%。為什麼韓國僅有2.3%？問題肇因於健康保險審查評價院和國民健康保險體系。

除了台灣和日本，韓國的醫療體系在全世界可謂數一數二。即便是如此優秀的醫療體系，韓國仍毫不容情地削減了臨終患者使用嗎啡的預算，以致醫生想替患者開處方止痛也束手無策。患者的痛苦變得強烈，卻無法止痛，進而維持正常生活，或者能交代後事，及留下給子女的遺言等整理人生的事情。

使用嗎啡止痛的情況受限，韓國三十三・六％的癌症患者能使用嗎啡的場所是急診室，不僅如此，足足有三分之一的患者是在臨終一個月前去到急診室才得以使用。這種醫療體系的運作非常不方便。

對於這個問題，搖頭或置之不理不是辦法，就像阿圖・葛文德批判美國本土醫療的不合理，韓國政府缺乏這部分的意識及審查機制，感覺不到制定解決問題的對策的必要性。幸好，一九九七年「波拉美醫院事件」之後，我國國會法制司法委員會在二〇一六年通過「臨終關懷醫療和緩和醫療使用及臨終過程中的延長生命治療決定法」提案，自二〇一七年正式施行，又名「善終法」。我希望這個法案能徹底落實，以助提升患者臨終自主權的主動性，而非繼續被動地迎接死亡。

拒絕無意義的延長生命

為了好好告別自己的生命，實質的臨終準備有哪些呢？心肺復甦術、血液透析、抗癌劑和人工呼吸器等，都是合法的延命醫療特殊措置。末期癌症患者也好，愛滋病患者也好，不管是哪一種病的患者，我們都應該拒絕任何無意義的延命醫療。

金壽煥樞機主教因肺炎惡化彌留之際，交代過不施行心肺復甦術。還有，公權力受害者白南基農民的家屬對血液透析採取了拒絕的姿態。家人拒絕和患者本人拒絕之間當然有一定的差異，但無論如何，最重要的是人們要意識到自己有拒絕權。

實際上該如何行使拒絕權呢？首先，要有醫生簽發的「維生治療醫囑」（Physician Order for Life-Sustaining Treatment），或是患者本人填寫的事前延命醫療意向書。事前延命醫療意向書有一定的樣式，很多組織機關都會分發，也能網路下載填寫。我已經在我服務的醫院中寫好具體的「預立醫療指示」（Advance Directive），交給後輩負責。有意填寫的患者，應該和家人充分了解、商量過延命醫療意向書後再填寫，之後，親屬要把文件放在眼睛看得到的地方，以便可於父母死後提交。

在本人申請的情形下，事先告知醫生，萬一自己陷入無治癒可能的昏迷狀態，絕對不要施行心肺復甦術，並且填寫完事前延命醫療意向書就行了，不過，即使事前沒表明意向或留下紀錄，依然可以停止延命醫療。這時候，需要兩名親屬表明：「父母不希望接受這種醫療，在加護病房請不要施行延命醫療。」接著，還要有兩名醫生同意即可。

其次，如果患者沒有配偶子女，可以改由法定繼承人或合法代理人代為決定；如果沒有配偶子女、法定繼承人和合法代理人，則由醫院倫理委員會代為決定。

患者能表示意向時，無條件尊重患者意向；無法推定患者意向時，必須獲得兩名家屬和兩名醫生的同意；沒有足以推定患者意向的證據時，由兩名醫生、全體家人或是合法代理人，與醫院倫理委員會協議。

過程看似簡單，不過，要是中間有一個人反對就會產生問題。比方說，女兒同意，但兒子反對，基於患者沒表明意向，醫生必須遵照親屬意向的原則，醫生就得為患者進行延命醫療，因此，最重要的就是患者的事前表明意向。

患者做出的任何決定，包括他人的委託，只要是患者本人的選擇，都得予以尊重。為此，每個人都有必要深入了解延命醫療。

・明確意向
——事前延命醫療意向書
——具體的預立醫療指示＋主治醫師
・推定意向
——日常生活中的預立醫療指示＋兩名醫師
——兩名家屬＋兩名醫師
・代理決定
——全體家屬＋兩名醫師
——合法代理人＋兩名醫師
——醫院倫理委員會

在葬禮上跳探戈

生命的終點，死亡規劃活動

過去，世界衛生組織一度勸告不要對二十多歲的年輕人舉辦自殺相關講座，也不要對六十歲以上的人舉辦死亡相關講座，到如今，已經完全廢除了這種限制。事實和世界衛生組織的顧慮正好相反，這種講座具有正面效果。

世界衛生組織擔心以二十多歲年輕人為對象，舉辦自殺講座，會造成年輕人嚮往自殺，但是年輕人聽了這種談話，反而能以客觀視角去看待自殺，而對個體生命抱持肯定的姿態；不但如此，還有助探索本人也不知道的，會誘發自殺衝動的內部危險因子。

至於積極推薦向六十歲以上的銀髮族舉辦生死學講座則是時代趨勢。「syuukatsu」是日本從幾年前就出現的流行語，意思是「終活」，是日本銀髮族準備迎接人生終點而進行的死亡規劃活動。

終活是二戰後出生的日本「團塊世代」（注：指日本戰後出生的第一代）退休而產生的新文化。像是單身老人葬禮流程、寫有遺物處理和遺言的臨終筆記本，和生前葬禮等各式各樣的死亡規劃活動。

隨著團塊世代的老去，日本在十年前進入了超高齡社會。如今，日本國內六十五歲以上的老年人占全體人口的30%，自然而然地形成終活風俗。特別的是，不只老人家之間流行終

・日本銀髮族流行的「終活」

活，就連四十至五十多歲的人也跟上這股終活熱潮。

二〇一一年在日本東北地方太平洋近海地震，造成一萬五千人死亡，近三千名失蹤。在那次的國家等級的災難後，日本國民重新思索死亡，終活因此更加風行。

由於臨終筆記和生前葬禮逐漸走向商業化，另一方面也出現了這樣做是不是過度執著於現世的負面聲浪，不過，從重新思索死亡，事先為臨終做好準備的角度來看，終活依然是很有效的方法。

至於臨終準備該準備什麼？又該如何規劃自己的臨終活動？首先是寫遺書。剛開始提筆寫遺書，通常都很簡單，寫著寫著，會開始分配有形資產，其次，又會牽扯到無形遺產。育有下一代的人，煩惱著要不要留遺產給兒女；沒有下一代的人，煩惱著要不要留遺產給別人。

前面我談過的曹操遺言「死亡就是涼爽的夏夜」是留給兒女的話，還有，人們過去誤解了他，現在還是誤解他，將來大概也會繼續誤解下去，但他無悔亦無懼。曹操大概想透過自己的遺言，對自己一生過往進行總結，把不具實體的無形價值流傳給後代。

像這樣，從日本逐漸掀起的死亡規劃活動，以及阿圖・葛文德的書登上了美國書店暢銷排行榜看來，人們對於死亡的認知的確變得不同，同時延伸出對死亡準備的爭議。

不僅是美國，阿圖・葛文德的書也名列韓國暢銷書排行榜。遺憾的是，韓國死亡規劃體系還沒完備，尚未形成討論死亡的風氣。為了將討論死亡的風氣帶入韓國國內，需要對此議題關心的思潮先驅，持續發聲。

自己的人生故事得由自己收尾

「整理」和「終活」是臨終前有待完成的兩個人生重要課題。整理可分成物質整理和心靈整理。首先，物質整理指的是，無論資產多少，為避免人死後因為遺產鬧得亂哄哄，被繼承人要先預立遺囑給繼承人。

越是有錢的人，死後的分產問題越是嚴重，所以，無論是錢或是其他東西，被繼承人都得事先妥善安排有形資產的傳承歸屬。

其次，心靈整理也是必要的。大多數的人臨終前會產生無止境的孤立感。若能認可死亡，進入接納和昇華的階段當然好，不過，以韓國現實情況來看，大部分的人無法認可即將要死亡的事實，有人一提到死亡就大發脾氣。我想應該也有看著這本談論死亡的書籍，感到悲傷的人吧。

每個人都覺得死亡離自己很遠，可是，明天死或是幾十年後死其實不重要，我們需要的是接納此時此刻我正在走向死亡的事實。

由此可見，物質和心理的整理，缺一不可。完成自己的責任、權利和義務，才能安心迎接死亡，韓國經常發生的狀況往往是來不及整理完成就撒手人寰。

因為物質和心靈雙方面都來不及整理完，自然會覺得死亡猝不及防。一直以來，我的故事都由我書寫，從小學到上不上大學都是我自己做的選擇。我創造出了各種人生旅程，一路走到這裡，為什麼我人生最後也是最重要的故事不能由我親自收尾，我沒能書寫我人生的最後旁白，交託他人之手完成？不，自己的人生故事一定要由自己收尾。

從燦爛人生中昇華的死亡

經歷前面提過的庫伯勒・羅絲提出悲傷五階段的最終接受階段後，會到達最後階段：死亡的「超越」和「昇華」。縱使達不到超越階段，起碼要達到昇華階段，才會有美麗的生與死，但是，現代醫學在某種程度上妨礙人們達到昇華階段。

關鍵主因是每天忙著接受醫療。某一天醫生告知：「是鬱血性心不全，時日不多了。」得到確診訊息的瞬間，患者心情變得沉重，喘不過氣。直到某一天突然昏迷，被送往加護病房，持續接受治療。

肝硬化末期患者通常會與病魔糾纏病榻，飽嚐手術之苦，直至臨終，壓根沒時間振作精神來整理、接納死亡。某種層面來說，現代醫學的種種行為才是無視人類尊嚴。

但是，我們不能繼續任由事態發展下去。不只是阿圖・葛文德，我和其他同事教授也極力爭取尊嚴死亡權，全力以赴推動相關法案，齊心協力，不讓人生最後一程耗費在徒勞無功的無意義治療上。相反地，有些醫生卻主張治療得進行到最後，使用抗癌劑到最後，能延長患者生命多久就多久。

比起突發的事故死，現代人的病死比例更高。在過去，患者的人生急速瓦解後便走向死亡，然而，由於現代醫學的高水平發展，病患的完治率增加；加上未來，雖說還不確定，可是說不定在西元二〇四五年，科學的驚人發展，有可能真的讓人類得以永生。

無可否認，我們現在的社會風氣傾向遠離死亡。

縱使社會風氣如此，我們仍然不該放棄面對死亡。姑且不論永生的可能性，人類是不可避免得面對死亡的存在，我們應該未雨綢繆，努力和死亡維持親密關係。

我不斷強調自己的人生故事要由自己收尾，由自己決定迎接哪一種死亡。每個人都有過學生時期備考經驗，考試前一天臨時抱佛腳並不能換來好成績，提前學習，提早預習，才能事半功倍，以此類推，我們也應趁身體健康無虞時，為死亡事先做好準備。

同樣的道理也適用於準備死亡。我們要趁著健康的時候，做好死亡的準備才行，不要覺得死亡與自己無關，也不要把死亡想成是很晦氣的事。雖然不知道西元二〇四五年人類是不是就能避開死亡，獲得永生，但以目前來說，死亡是誰也避不開的事實。

人生有限，不管會不會得到讚美，趁現在身體健康，預先縝密規劃好臨終，讓自己的人生冒險故事有一個燦爛的結局。

讓整個人生閃耀美麗光芒的結局

李文求（이문구）作為韓國文學史的著名小說《冠村隨筆》的作家。他在二〇〇三年二月收到胃癌末期通報，第一個想到的是還有沒有未還的債務；接著，爭取時間完成了三年前簽好約也收下版稅的童詩集，並且再三叮嚀大兒子：

「不要讓我陷入昏迷狀態超過兩天，如果我沒醒來，你牽著媽媽和弟弟的手拔掉我的呼吸器，絕對不要拖；火葬後把我撒在保寧冠村，不要成立文學獎那種東西，忌日時，代替我陪家裡人吃頓飯。我此生無憾。」

每個人的想法各異。李文求作家非常排斥祭拜往生者，所以，要求家人用聚在一起吃飯的方式追憶自己，代替祭祀。

讀完李文求的這段話，我冷汗直流。李文求在二〇〇三年知道自己患病，隨即縝密規劃臨終，為的就是不讓自己成為別人的負擔。他怕自己耽誤到對別人的承諾，迅速完成了童詩集；接著，把身後事都做了完整的交代，甚至縝密規劃了自己的結局。

據我所知，李文求的家人依照死者遺願，的確沒設立李文求文學獎，頂多每年從後輩作家中，挑選適合人選，提供支援；除此之外，家人在忌日也不會進行祭祀。

如前所說，我和妻子都已經表明過拒絕施行延命醫療，互相聊過關於死亡的種種話題。我們也列舉出死前需要做的事，類似現在所說的心願清單。如果年紀大了才寫心願清單，好像會有很多完成不了的事，不如早一點列出來。

我的心願清單大概有二十件事，有「搭飛機去百慕達群島」這種遠大的夢想，也有「帥氣衝浪」這種想在不久後就去實現的夢想。我建議各位如果有了生命有限的覺悟，務必寫一份心願清單，然後努力完成清單上的夢想。在心願清單上構想自己人生的句號，會讓生命變得更加有意義。

說到這裡，順道一提，由於工作關係，我經常在殯儀館一邊進行屍檢，一邊看到死者總是被安排穿上儒家舊制的麻布壽衣。為什麼要替死者穿生前沒穿過的衣服？我總看不慣這種行為。

所以，我交代現在還是高中生的大兒子，我的喪禮替我穿上當年結婚時，妻子為我準備的結婚禮服和我珍愛的鞋子，再去我常光顧的西裝襯衫店買一套白襯衫。儘管老大聽著笑了出來，不過因為聊得是認真嚴肅的話題，我想將來他會記得的。

最後，我想介紹的人物是以一頭短捲髮引爆一九七〇年代短髮熱潮的韓國美容界教母Grace Lee（그레이스리）。她的葬禮深深地打動了我。

Grace Lee從五十歲就夢想著一場別出心裁的葬禮，表示自己非常討厭擺滿菊花的葬禮會場，千叮嚀萬交代自己的葬禮上絕對不能用菊花。

還有，雖然現在較少見，可是過去葬禮流行「哭」。如果家人哭不出來，就會請來「代哭女」。Grace Lee對哭聲也很反感，說：「此生我活得無憾，為什麼要哭呢？」於是，她要求在葬禮上跳探戈代替悲傷流淚，就連要放的歌曲和歌名都指定好。

Grace Lee實現了遺言。一場放著探戈曲，紅玫瑰和紅酒取代菊花的葬禮。難免有看不慣的人，可是，那些喜愛Grace Lee而前往追悼的人，會帶著一束玫瑰，齊聚一堂參加葬禮。大家一邊聽著音樂，一邊品嘗紅酒，一起追憶她生前活潑的模樣，道：「Grace Lee真的是既帥氣又討人喜愛的女性呢。」

她的葬禮能啟發臨終的新靈感，但並不是說要效仿某人帥氣的臨終。一百個人就有一百種人生和一百種死亡。面對死亡，我們是不是也能保有自我風格？千萬不要忘記，敢親近死亡的人生，才稱得上是耀眼美麗的人生。這也是為什麼我們要以死向人生提問。

西元二〇四五年，不死的時代來臨

沒有死亡的永生，「奇點」臨近？

除了規劃臨終，人類對死亡懷抱的最大冀望是什麼？當然是長生不死。追求長生不死的最著名代表人物莫過於秦始皇。秦始皇為求不老不死，費盡心力尋覓不老草，終究逃不過一死。至今，濟州島仍流傳著秦始皇尋覓不老草，結局卻是「竹籃子打水一場空」的故事。

講到「不死」，我想起小時候看的漫畫《銀河鐵道999》。故事描述少年「鐵郎」想擁有長生不老的機械身軀，向殺死母親的機械伯爵復仇的故事。故事內容夠新鮮，結尾更是反轉震撼。為求不死的鐵郎，一路展開冒險，直到終於能實現改造身軀的願望，獲得長生不老的那一刻，卻選擇放棄，拒絕改造成機械身軀。

《銀河鐵道999》堪稱早期漫畫中揭示死亡理念的經典作品。那麼，現代醫學為求不死，又盡了哪些努力呢？

我二〇〇九年人還在美國的時候，熟人推薦我讀一本書，叫作《奇點臨近》（*The singularity is near*）。書中就是在描述人們為求永生所盡的努力。這本書也有韓文譯本，作者是企業家雷蒙德・庫茲維爾（Ray Kurzweil）。庫茲維爾是一位非常出色的發明家和企業家，坐擁驚人的財富，是現任永昌鋼琴顧問與打造出人工智能天才棋士AlphaGo的谷歌公司工程部門理事。韓國知名企業英昌鋼琴買下庫茲維爾的專利技術，進而製作出庫茲維爾音樂合成器。

我第一次閱讀《奇點臨近》時，覺得內容過於荒誕不經，有很多不可理喻的部分。「奇點」原本是與黑洞有關的物理學用語，不過，書中的奇點指的是人工智能超越人類，新文明誕生的時間點。

書中主要論述科技發展使人類得以超越生物學條件限制，並且提出未來人類樣貌的多種假設。書中後半段，作者的許多概念實在過於荒誕，用最近的話來說，是超展開。他主張人類的智能終會顛覆宇宙，我一度懷疑這是不是打著科學幌子的宗教，但是，書前半部分的內容極具說服力，所以我才想介紹給各位。

概括來說，庫茲維爾提出一項驚人的主張：西元二〇四五年人類會迎來永生，也就是從現在起再撐個二十五年。乍聽之下，很像隨口瞎扯，不過，深入了解現今的科技後，又覺得也不無道理。

科學技術開啟的全新未來

近年來，奈米技術時有所聞。「奈米」（nano）是一種單位，就像公分一樣。一奈米是十的負九次方公尺，是人類肉眼辨識不出的長度。如此微小的物體卻在醫學中發揮了功效。儘管奈米的功效尚無醫學實證，不過學者們仍持續研究中，最近醫學已經開發了可以把充滿奈米機器人的液體注射到患者體內的新療程。

有一部電影《驚異大奇航》（*Innerspace*），內容描述縮小後的人類進入人體內治療疾病的冒險過程。今時今日，人人都曉得醫生是怎麼動手術的。比方說，腹腔鏡手術是將附有特殊攝影機的腹腔鏡從微小傷口放置到患者體內，是一種不用剖開患者腹部，利用特殊器械進行的手術；如此一來，能讓傷口最小化，並且減少術中出血量。而未來的手術很可能進步到遠距離操縱，就像控制無人機一樣。

作為谷歌工程部門的理事，庫茲維爾對科技變化速度十分敏感。他預言二〇三〇年代中期有機會實現奈米技術，而他的預言有可能是準確的。

首爾大學金正勳（音譯，김정훈）教授在二〇一六年四月發表「基因剪刀」的相關論文《*Nature*》。雖然內容稍嫌複雜，簡單來說，是如何利用基因剪刀剪去一般遺傳性疾病的病源。基因剪刀是一種應用在剪去基因鏈特定基因的人工酵素；也可應用在基因編輯（genome editing），以除去遺傳疾病的問題基因。研究人員把這個技術實際應用在患有視網膜色素變性的小白鼠身上。觀察結果中，研究人員注意到這項技術成功阻斷小白鼠的視網膜新生血管生成，視網膜狀態也有了好轉。

視網膜內部本來不會生成新生血管，但隨著老化，眼睛會逐漸看不清楚的主因之一，就是因為新生血管生成。尤其是糖尿病患者會有不正常的視網膜血管增生，雖然雷射治療可以降低視力損傷，但效果有一定的限制。

因此，科學家開始發想，是不是有辦法剪去新生血管的突變基因，基因剪刀就因此誕生。

這項技術要想應用到人體上尚需時日，不過，依現代技術發展速度看來，我想二〇二〇至二〇三〇年就能實現。基因剪刀隸屬遺傳（genetic）和基因技術範疇，可看成是奈米技術發展的第二項成果。

除此之外，基因技術也應用在現代醫學。舉例來說，現在要治療癌症患者，縱使罹癌部位相同，醫生也不會使用一樣的藥物去治療不同的患者。首爾大學醫院會先採集癌症患者的檢體，確認基因病變部位，治療過程有條不紊。雖然，確認基因病變檢查尚未納入保險給付範圍，收費昂貴，但是醫生會按照檢查結果，為患者挑選適合的抗癌劑。

如果是按過去教科書所教，醫生會開千篇一律的處方給肺癌患者。到了現在，即使同是肺癌患者，醫生也得透過精密檢查，按癌症種類、模樣和癌症基因的差異，開立個別處方。等到患者病情稍為好轉，就會利用工具，像是治療視網膜色素變性的基因剪刀等，替患者根除病變基因。

人體掃瞄儀器遲早會全面革新，屆時就能早期發現人體變異基因。相信進而利用基因剪刀剪斷突變基因，以奈米為單位計量的奈米機器人進入人體，搗亂基因序列的日子也就不遠了，器官移植也會變成家常便飯，人類或將迎來永生不死的時代。

也許「永生」是人類革新的終點

繼奈米技術和遺傳技術後，人類需要一個能與先前階段做出區隔的成果，那就是奈米機器人的發展。若能把機器人技術的發展與人工智能做結合，會成為產業現場的一大革新；比如說，像是大型機器人一樣的無人駕駛汽車的技術早已是家喻戶曉。

實際上，我們生活周遭的機器人技術已有一定的水準。如果各位有在美國或加拿大的麥當勞點過餐，應該更能切實感受到科技的高速發展。就像日本拉麵店一樣，只需按下號碼鍵下單「兩份生菜、兩份培根」，再使用信用卡結帳，就能拿到我們想要的漢堡。話說回來，是誰接收了我們的點單呢？

以前是工讀生負責做漢堡，但是，現在美加兩國引進的賣場漢堡機器人超乎想像的多。製作餐點的工作變成由機器人一手包辦，有些人覺得無所謂，甚至認為交給機器人製作餐點更衛生。相反地，也有人抗拒機器人製作的餐點而大發脾氣。

我國也有漢堡機器人實體示範店面，不過我不太清楚具體地點。去到示範店的客人都能自由操作自助點餐機，決定漢堡的內容物，放想要的材料，拿掉不想要的材料。比方說，吃素的客人不放肉，改放其他東西。點單完放入信用卡，點單內容會立即上傳雲端，日後去美國使用當地的點餐機，機器會馬上發現「啊，您是吃素的吧？」給出適合的菜單。這樣的時代即將到來。

問題在於，這種時代的到來，對人類生活造成哪些具體影響？被簡稱成「G／N／R」的基因、奈米技術和機器人技術完美結合，又會讓生活在這個世界的人類面臨什麼轉折點？是的，正如所想，這個世界也許將迎來永生不死。

一九四八年生的庫茲維爾對於永生時代即將到來，深信不疑。富可敵國的他，明明身無病痛，卻平均一個月花費七千美金、一年將近一億在醫藥費上。他每天翻閱醫學論文，殫精竭慮地研究什麼東西有益人體健康。看到硒對人體好，就吃各式各樣最新的含硒藥物，甚至會自己合成營養劑來吃。因為在西元二〇四五年人類正式進入永生時代之前，他得好好活著。

我不清楚有沒有人嘲笑過他的想法，不過，庫茲維爾堅信西元二〇四五年一定會迎來永生時代。他得活到九十多歲才能等到永生時代到來，看似是個不可能的目標。排除往生者不算，現今人類平均壽命長，活得越久，比過去活得更久的機率也會增加。庫茲維爾是我們生活的這個時代，堅信人類會得永生的冒險家。

我第一次讀庫茲維爾的書時不相信這件事，慢慢地，我越來越相信這件事。我認為縱使不是西元二〇四五年，有朝一日，人類終能實現永生，因為我相信科技的進步。

移植的我與機器人之間被模糊的界線

為什麼我們口口聲聲說人終有一死？最關鍵的原因在於人體的老化。有很多原因都會造成老化。如果把人體想成是一輛自行車，騎了多年的自行車，哪怕零件一個接一個換，修個沒完，只要繼續更換零件，還是能繼續騎，可是，到目前為止，人類還不具備更換人體零件的技術。

這也是為什麼許多人夢想著實現器官移植。有一部在談複製人的科幻電影《絕地再生》（*The Island*）原原本本地揭露出人類的慾望。故事描述人類用幹細胞培養複製人，一旦人體老化，就移植複製人的器官，實現永生。問題是大腦有超過一兆個神經細胞，很難複製。

二十多歲的年輕人和八十多歲老人的大腦的差別是什麼？智商和感知部分相差甚微，問題出在逐漸減少的腦神經細胞個數。以體積計算，大概減少約5～25％。神經細胞的減少，會誘發大腦病變。二十多歲年輕人的大腦平均重量是一・五公斤，進行屍檢時，老人的大腦重量明顯較輕。

好消息是有很多能阻止老化的方法。維持一定的營養狀態，持續運動，生活有所節制，賣力過著索然無味的生活，長時間下來，大腦只會減少5％。

隨著時間過去，人體一切都會受到經年累月的磨損，骨頭也不例外。大家應該常聽到年輕的時候比現在高，一上年紀身高縮水的說法吧。這種說法沒錯，身高的確會縮水。骨密度降低，脊椎骨和腰骨容易椎間盤突出，中間的水分逐漸消失，人也跟著慢慢變矮。努力實現器官移植的夢想之餘，如何處理骨頭和大腦也成為人們關注的焦點。十五年前，人類很難談及永生，是因為器官移植未臻成熟。有科學家主張即使能不停替老化的人體移植新器官，但兩百歲已經是人類壽命的上限，很難突破這個極限。

話雖如此，但別忘了我們即將迎來基因技術、奈米技術和機器人技術的時代。庫茲維爾前面提過奈米機器人。把奈米技術製作的奈米機器人注射到人體內，使其潛入人類大腦，把大腦儲存的記憶統統情報化，即某人的畢生記憶全都成為情報。要真能實現這件事，不可否認，絕對會很驚人。

當然，因為我是科學家，所以才會感到吃驚，也許對哲學家來說，這種技術毫無意義，因為人類的意識不滅才是他們探究的主題。哲學家是夜以繼日講授「何謂意識？」也不會感到厭倦的人。

反之，站在唯物論立場的科學家認為，意識不過是一兆個大腦神經細胞的連結網，只是一種複雜的大腦神經細胞網路，而不是神的給予。有宗教信仰的人大概很難接受這個論點。後來，科學家更提出，若使大腦神經細胞網路情報化，就能夠維持大腦機能的假說。

奈米技術可以把轉化後得到的大腦情報存入電腦，意味著大腦情報可永久保存。至於後續問題，就交給機器人技術解決。總之，運用機器人技術，靠著矽膠或其他材料製造人體。無論是大腦或是骨頭都有辦法製造，接著，把存在電腦裡的大腦情報掃描放進人工大腦，從此，這個人變成了不死之軀。當然，這樣子製造出來的人類，是不是原本的那個人，這個問題就留待哲學家論辯。

機器人的世界，變成機器人的「我」

庫茲維爾的言論至今看來仍然是離奇荒誕的，不過，我認為以現在的科學技術發展速度，說不定離成真之日不遠。我去參加美歐定期舉辦的科學研討會，與會者通常是各領域的佼佼者，大家會彙整過去一年間的科學界成果。

坦白說，科學技術突飛猛進，除了自身專業領域之外，很難追上其他領域的進展。照這種情形看來，庫茲維爾主張的實現只是遲早的事。當然，實現的時間點是不是西元二〇四五年還是未知數。

不過，即使科學界的進步一日千里，還是很少人預測到李世石會敗給Alpha Go。老實說，Alpha Go的勝利也令出乎我意料之外。用數學的角度來看，縱橫各十九條線組成的棋盤可以出現無數的變化。可是，圍棋是一種靠直覺的比賽，人工智能不可能贏過人類的直覺。

然而，真實結果卻恰恰相反。李世石是最後一個戰勝人工智能的棋士。在李世石之後，恐怕再也無人戰勝人工智能，因為往後人類的進化再也追不上人工智能的速度。

英特爾（Intel）創始人之一戈登．摩爾（Gordon Moore）在一九六五年發表的論文中提出摩爾定律（Moore's Law），指出微晶片的性能約每隔兩年會增加一倍。摩爾定律與其說是科學法則，更近似經驗預測，但卻更適用於科學。不少人看到基因技術、奈米技術和機器人技術，反映著摩爾定律的驚人發展速度，隱隱期待人類真的能在西元二〇四五年展開嶄新的永生時代。

無論如何，人類的未來發展絕對比電影的想像情節更具現實感。在科幻驚悚電影《星際爭霸戰》（*Star Trek*）的宇宙探險過程中，那個有著尖耳朵的角色其實是人工智能類人類機器人（android）。它在電影中擔任了指揮冒險的角色，表現相當搶眼。

另外，在電影《全面進化》（*Transcendence*）中，出現了科學家死前將自己大腦儲存的所有情報存到電腦中的畫面。Transcendence本義為超凡。在這部電影中引申成另一種意思，指的是科學家讓自己成為超越者，利用庫茲維爾說的變換系統，變成了不滅、超凡的存在。

電影只是電影，和科學的現實意義和深遠影響存在差異。不過，電影的想像以驚人的準確度，預測出看似不可能的未來。

過去提到機器人，大眾會直覺聯想到電影《星際大戰》（*Star Wars*）的「R2D2」，機器人中的基本款。後來，《星際爭霸戰》的機器人除了耳朵有點奇怪，是高度擬真的人形機器人，相當服從人類的命令。機器人不斷進化，到了今天，機器人不但超越，更贏過了人類。機器人的發展引起很多人的憂慮，擔心人類最終將被機器人支配，甚至有的科學家預言人類將變成機器人。

勿忘你終有一死

以色列歷史學家哈拉瑞（Yuval Harari）的著作《人類大歷史》（*Sapiens*）妝點最後

一章的正是「智人的滅絕」。書中批判智人（Homo sapiens）自居為世界的主人，犯下惡行的同時，也談及智人因不斷的惡行招致滅絕，我們應引以為鑑。此外，書中更進一步探索智人滅絕後，人類會迎來什麼樣的變化。

晚期智人（Homo sapiens sapiens），也就是現代人類的終點會在何處？會是超人類（trans-human）嗎？究竟有多少人夢想成為超人類呢？真的人人都渴望永生嗎？我把《人類大歷史》列為我在首爾大學的課堂講義之一。在課堂上，我向學生發問：假如西元二〇四五年奇點真的到來，有意願成為超人類的人舉手。大家猜猜到底有多少學生渴望變成超人類呢？

大約是50%。這有可能是因為學生們生活在數位時代，對於超人類的抗拒不大。如果發問的對象換成是中老年人，就可能得到截然不同的結果。

就算永生存在，我想肯定也有些人認為個人的命運應操之於己而採取拒絕的姿態。無論如何，重要的是，與其幻想有朝一日迎來永生，倒不如珍惜此刻，把握當下，好好充實現在的人生。

即使人們對永生抱有幻想，也意識到死亡型態的改變，所有的生命體必然有消滅的一天，死亡是日常生活中不可避免的尋常事件，卻仍舊忌諱談論死亡，對死亡這個詞彙感到既厭惡又恐懼而受到永生吸引。

要知道，只有平心靜氣地接受死亡是人生最後的旅程，才能活出更圓滿的人生。

活在當下！（Carpe diem!）

電影《春風化雨》（*Dead Poets Society*）中，基廷老師是這麼告訴學生的。我們必須超越這個想法，在生中探索死。

「勿忘你終有一死！」（Memento mori!）

希望大家能不停地問自己，要用什麼模樣迎來人生的最後一刻。透過問與答的過程，我們的人生會變得更豐盛精彩、更有意義。

Q&A
問與答

1

有鑑於日本吹起的「終活」風潮，在日常生活中，我們能做的臨終準備有那些呢？

從日本開始的「shukatsu」（終活）隨著時間過去，逐漸變質，趨於商業化而飽受批評。Shukatsu日文本義是一般的準備活動。好的死亡其實就是努力過好當下的人生。那麼，怎樣才算努力過好人生？

我親眼目睹過許多死亡和死亡記錄。對我來說，如果生前寫有心願清單，那麼，完成心願清單就等於在進行臨終準備。

第一、養成對心愛的人表達愛意的習慣。因為死亡總是來得措手不及，所以要時常對心愛的人表達愛意。

第二、完成心心念念在死前想做的事，也就是實現夢想。為了人生不留遺憾，平常想做的事就應馬上實踐，不要給自己後悔的餘地。

第三、留下人生足跡，留給心愛的人資產。這裡的資產說的不一定是金錢，而是希望身邊的人如何看待、理解我的一生。如果希望死後仍被長久緬懷，就得好好記錄下一生的過往。

第四、持續不斷進行經濟活動以籌備自己葬禮必要的花費。要有一定程度的儲蓄，喪葬費用才不會造成家屬的負擔，又能維持自己死亡的品味。

第五、如果現在很健康，就要認知到健康的可貴，努力變得更健康。我說的健康，不只是無病無痛，而是重新定義自己能維持的日常生活狀態。

總結來說，臨終準備就是在臨終一刻到來前，好好經營日常生活。或遲或早，人總有一天都會死，如果來不及做好死亡準備，有可能就這樣帶著遺憾離開人世。

以上說的，是我根據許多往生者遺書中提及的後悔之處，為了減少生之悔恨而整理出來的方法。

2 能不能替有意寫臨終筆記的人，簡單說明臨終筆記應涵蓋的內容？

臨終筆記最好能涵蓋實際的內容和自己對愛的人想說的話。首先，是自己的葬禮內容，即記錄下希望的葬禮方式。

如果有宗教信仰，就配合宗教信仰。埋葬方式也有火葬等多樣化方式，寫出具體細節能減少留下的人的麻煩，還有，寫下想傳達自己的死訊的對象。

就現實層面來說，死後最大的問題就是遺產分配。而金錢和遺物收在哪裡，存摺的密碼是多少等，也要仔細載明遺產分配的細節。此外，用有法律效力的遺書形式書寫也很重要。

如果有向人借錢或借錢給人，為了死後不發生遺產糾紛等複雜的法律問題，必須整理得一清二楚。

臨終筆記最後也最重要的，就是想傳達給心愛的人的話。仔細寫下想告訴他們自己的過往，或是給予親友們受用終生的話，藉此記住自己，了解自己的人生。

就像前面說過的《冠村隨筆》作者李文求得知自己癌症末期，除了交代陷入昏迷狀態時，絕對不要施行延命醫療，火葬後將骨灰撒在冠村，不要設置文學獎等實際的內容之外，最後還留下一句短而有力的遺言：「我此生無憾。」

3 您會如何定義「有品味的死亡」呢？

我認為的有品味的死亡是：坦然面對死亡，無畏無懼。死亡是個體生命必經的歷程。儘管哲學、科學和宗教對死亡各有詮釋，不過，死亡的本質就是生命體的消亡。不畏懼死亡的唯一方法，就是清楚意識到任何生命體都終會消滅的事實。之後，把處於死亡對立面的人生，活得精彩無悔。能做到這一點的人，我認為就有可能去迎向有品味的死亡。因為只有這樣，人才會思索如何讓自己有尊嚴地走向人生終點，如何書寫人生最後的情節。

每個人的死亡過程不盡相同，但是，只有時時刻刻意識到死亡，感謝在有限的生命時間，學會好好愛自己也愛身邊的人，才能選擇從容走向終點的過程。這種死亡難道不就是有品味的死亡了嗎？

希望大家能深入思考死亡這個議題，不要再畏懼它，並且感謝此時此刻能進行思考的自己的人生。

結語

即使要聊的主題過於沉重、困難，可是，我衷心希望讀者們在閱讀的過程中是輕鬆愉快的，所以也盡量用淺顯的方式，說明法醫學與其緊密相關的死亡。

書中沒有對法醫學這門學術領域展開深入論述，說不定讀完這本書的讀者會想進一步了解死亡的相關內容，或者是加深對法醫學的好奇。

如果真的發生這種情形，我想半玩笑半真心地說：「請直接進入首爾大學，親自來聽『死亡的科學理解』這門課吧。」我也理解，很多時候怕是無法如願。因此，在我的第二本書出版之前，我推薦大家去找市面出版過的法醫或死亡相關書籍，並且去聽一些講座。

我也明白老是找一些以死亡為命題的東西，看起來會很奇怪，但是，越是深入了解死亡，越能懂得人生的珍貴與省察人生。學習死亡是人生中最有價值的學習，期待日後在舉辦相關課程和出版新書時，也能再見到各位。

參考文獻

1. 統計廳二〇一七年死因統計
http://kostat.go.kr/portal/korea/kor_nw/1/1/index.board?bmode=read&bSe q=&aSeq=370710&pageNo=1&rowNum=10&navCount=10&currPg=&sTar get=title&sTxt=%EC%82%AC%EB%A7%9D%EC%9B%90%EC%9D%B8
2. 大法院2006.3.10宣告，「2005다49713」判決
http://www.law.go.kr/LSW/precInfoP.do?mode=0&evtNo=2005%EB%8B %A449713
3. Yoon-seong Lee. “Euthanasia: a misunderstood term”, J Korean Med Assoc, 2012, 55(12), pp.1163-1170 https://synapse.koreamed.org/Synapse/Data/PDFData/0119JKMA/jkma-55-1163.pdf
4. Seong Ho Yoo. and others. “Characteristics of sauna deaths in Korea in relation to different blood alcohol concentrations”, Forensic Science, Medicine and Pathology, 2018, 14(3), pp.307–313. https://link.springer.com/article/10.1007%2Fs12024-018-9993-7

5. Seong Ho Yoo. and others. “Retrospective Genetic Analysis of 200 Cases of Sudden Infant Death Syndrome and Its Relationship with Long QT Syndrome in Korea”, Journal of Korean medical science, 2018, 33(32), e200. https://www.jkms.org/Synapse/Data/PDFData/0063JKMS/jkms-33-e200.pdf
6. 全慧蘭（전혜란，音譯），〈十字架事件專家意見：不可能是自殺〉（“십자가 시신 사건 전문가들 ‘자살은 불가능’”），《NEWSIS》。
7. 保健福祉部二〇一三自殺實況調查http://kosis.kr/statHtml/statHtml.do?orgId=117&tblId=DT_11794N_607&c onn_path=I2
8. 柳成昊（유성호）及其他五人，〈透過自殺遺書，探究自殺者心理狀態的本質〉（자살 유서를 통한 자살 사망자의 심리상태에 대한 질적 연구），The Korean journal of legal medicine, 2014, 38(4), pp.155– 166. https://www.synapse.koreamed.org/Synapse/Data/PDFData/2018KJLM/ kjlm-38-155.pdf
9. 崔政秀（최정수，音譯）及其他五人，〈臨終關懷安寧療護活性化方案〉（호스피스 완화의료 활성화 방안），韓國保健社會研究院，二〇一五

Thales

每週都去看屍體：首爾大學最熱門的死亡學

作　　者：柳成昊（유성호）
譯　　者：黃莞婷
發 行 人：王春申
選書顧問：林桶法、陳建守
總 編 輯：張曉蕊
主　　編：邱靖絨
校　　對：楊蕙苓
封面設計：吳郁嫻
內文排版：菩薩蠻電腦科技有限公司
業務組長：何思頓
行銷組長：張家舜
出版發行：臺灣商務印書館股份有限公司
23141 新北市新店區民權路 108-3 號 5 樓（同門市地址）
電話：(02)8667-3712　傳真：(02)8667-3709
讀者服務專線：0800056196
郵　　撥：0000165-1
E-mail：ecptw@cptw.com.tw
網路書店網址：www.cptw.com.tw
Facebook：facebook.com.tw/ecptw

局版北市業字第 993 號
初　　版：2020 年 11 月
印　　刷：鴻霖印刷傳媒股份有限公司
定　　價：新臺幣 360 元
法律顧問：何一芃律師事務所

國家圖書館出版品預行編目 (CIP) 資料

每週都去看屍體：首爾大學最熱門的死亡學 / 柳成昊(유성호)著；黃莞婷譯. -- 初版. -- 新北市：臺灣商務, 2020.11
面；　公分. -- (Thales)
譯自：나는 매주 시체를 보러 간다：서울대학교 최고의 '죽음'강의
ISBN 978-957-05-3292-0(平裝)

1.生死學 2.法醫學 3.法醫師

197　　109015634